中国少数民族人口丛书

鄂温克族

翟振武 主编

包路芳/著

中国人口出版社
China Population Publishing House
全国百佳出版单位

图书在版编目（CIP）数据

鄂温克族/包路芳著 .—北京：中国人口出版社，2014.6（2022.7重印）

（中国少数民族人口丛书）

ISBN 978-7-5101-2639-0

Ⅰ.①鄂… Ⅱ.①包… Ⅲ.①鄂温克族－民族文化－中国 Ⅳ.①K282.3

中国版本图书馆 CIP 数据核字（2014）第 138717 号

中国少数民族人口丛书 鄂温克族

ZHONGGUO SHAOSHU MINZU RENKOU CONGSHU EWENKEZU

翟振武 主编 包路芳 著

责任编辑 曾迎新
美术编辑 刘海刚
责任印制 林 鑫 王艳如
出版发行 中国人口出版社
印 刷 北京兴星伟业印刷有限公司
开 本 710 毫米 ×1000 毫米 1/16
印 张 10.5 插 1
字 数 142 千字
版 次 2014 年 6 月第 1 版
印 次 2022 年 7 月第 2 次印刷
书 号 ISBN 978-7-5101-2639-0
定 价 42.00 元

网 址 www.rkcbs.com.cn
电子信箱 rkcbs@126.com
总编室电话 (010) 83519392
发行部电话 (010) 83510481
传 真 (010) 83538190
地 址 北京市西城区广安门南街 80 号中加大厦
邮 编 100054

中国少数民族人口丛书编委会

序

如果把一个民族比作一颗星星，那我们就是生活在一个繁星满天的世界。当今世界上有约3000个民族，分布在200多个国家和地区，绝大多数国家由多个民族组成。中国也是同样，是由各族人民共同缔造的统一的多民族国家。在漫漫的历史长河中，生活在中华大地上的各族人民密切往来、交流融合、团结奋斗、休戚与共，形成了一个伟大的强盛的中华民族大家庭，共同开发了祖国的美好河山，共同推动了国家的发展和社会的进步。

在中华民族的大家庭中，有56个成员，其中有55个是少数民族。新中国成立以来，少数民族人口一直持续增长。1953年第一次全国人口普查时，少数民族人口总数为3532万人，占全国总人口的6.1%。2010年进行第六次全国人口普查时，少数民族人口总量达到了1.14亿，几乎是1953年的3倍，占到了全国13.4亿人口的8.5%。各少数民族人口数量相差较大，如壮族有1693万人，回族1059万人，满族1039万人，维吾尔族1007万人，而赫哲族只有5354人，塔塔尔族3556人，独龙族6930人。中国各民族的人口分布呈现大散居、小聚居、交错杂居的特点。汉族地区有少数民族聚居，少数民族地区也有汉族居住；许多少数民族既有一块或几块聚居区，又散居全国各地。中国少数民族聚居区大都地广人稀，资源富集。少数民族地区的草原面积，森林和水力资源蕴藏量，以及天然气等基础储量，均超过或接近全国的一半。全国 2.2 万多公里陆地边界线中的 1.9 万公里在民族地区。全国的国家级自然保护区面积中民族地区占到 85%以上，是国家的重要生态屏障。中国各民族的起源和经济、社会、文化的发展有着本土性、多元性、多样性的特点，五彩缤纷，丰富多彩。

要全面认识中华民族，就要从认识每一个民族开始。正是从这个理念出发，我们编写了这套《中国少数民族人口》大型系列丛书，力图从历史、文化、经济、社会等各个方面，用准确、科学、生动的语言，全方位描述和展现各少数民族灿烂辉煌的历史和现状，编织出一幅绚丽多彩的中华民族大家庭的“全家福”。

编写这样一套大型系列丛书，难度非同一般。几经论证和深入研讨，最终形成了编写大纲，这套丛书各个分卷的作者绝大多数由少数民族作家担任，他们不仅熟悉自己民族的历史和文化，而且对本民族有深厚的感情。在国家新闻出版总署、国家人口计生委和中国人口出版社的大力支持下，作者们历经数年，几易其稿，终成此书。值此丛书出版之际，我们衷心地祈愿这幅“全家福”能为民族的交流和团结，为中国的文化建设，为整个中华民族的繁荣昌盛，作出一份微薄的贡献。

翟振武

2012 年 5 月于北京

PREFACE

Every nationality sparkles like a star in the firmament. Now we have about 3000 stars distributed across the world in more than 200 countries, most of which are multinational. So is China, which consists of a number of nationalities. For centuries, all the nationalities have lived together, worked together and fought together, making China a prosperous unified multinational country.

Of all the 56 nationalities in China, 55 are minorities whose population has been increasing since the founding of The People's Republic of China. According to the first census in 1953, the minority population was about 35.32 million, accounting for 6.1 percent of China's total population. By 2010, the number had almost tripled. According to the sixth census, the population of the minorities amounted to 114 million, making up 8.5 percent of the 1.34 billion people in China. The population size of minority groups varies a lot. Some of them have a large population, for example, the Zhuang Nationality has a population of 16.93 million; the Hui has 10.59 million people and the Manchu consists of 10.39 million people. Some of the minorities are quite small, such as the Hezhe, the Tatar and the Drung nationalities, which have populations of 5354, 3556 and 6930, respectively. China's nationalities live together over vast areas with some living in individual, concentrated communities in small areas.

Some minorities' concentrated communities are scattered among the Hans, and some Han people also live in the minority communities. Some minorities may have one or more concentrated communities, while their people spread all over the country. Most minorities' concentrated communities have their people sparsely distributed in large areas with abundant resources. The grassland, forest, water and natural gas reserves in areas inhabited by minority people account for about half of China's total. Further, 19 000 kilometers of the nation's 22 000-kilometer land boundary are in minorities' communities. In addition, 85 percent of the country's state-level natural reserves are in the minority areas, making the people important guardians of China's ecology. Each of the nationalities' origin is unique, and their development of economy, society and culture is full of variety.

Only by learning every aspect of the minorities' lifestyle can we have a comprehensive understanding of the Chinese nation. Under this notion, we write this series of books on the Population of China's Minorities to provide a detailed picture of our Chinese nation, with the glorious past and prosperous present of the country's minorities.

It is through trials and tribulations that we write this spectacular series of books. Most of the authors, who have profound knowledge of the minorities and wrote the books with their strong emotions, are members of minority groups. With the great support of the National Publication Foundation, the National Population and Family Planning Commission and China Population Publishing House, the authors completed the books after years of unremitting endeavor.

On the publication of this series of books, we are looking forward to seeing these books contribute to the unity of the Chinese nation and help our country flourish in the future.

Zhenwu Zhai
Beijing
May 2012

目录

Contents

综　述

森林之子

银白色的雅鲁河，
泛起了鱼鳞般的银波。
如镜子一样明净的辉河，
闪着金黄色的光芒。
提起这条河啊！
是我们鄂温克人的家乡！
是我们祖先，
骑着枣红马曾驰骋的地方。
那雄伟的兴安岭，
有着丰富的资源；
我们生长的地方，
是多么美丽富饶，
谁有这样的家乡而不自豪？

“呼伦烟波，银河潺潺，贝尔浩渺，繁星闪闪”，在历史上群雄逐鹿、成就北方游牧民族历史摇篮的呼伦贝尔大草原，在大兴安岭的茫茫林海，一个英雄的民族曾经纵横驰骋，取天地之精华，与獐狍野鹿为伴，这就是森林之子——鄂温克人。森林是他们的母亲，河流是他们的乳汁，绿野长风赋予他们强壮的体魄，日月星辰是他们永恒的伙伴。

早在远古时代，鄂温克族的祖先就生活在黑龙江上游及贝加尔湖沿岸。由于历史及地缘等方面的原因，鄂温克族现分布于中国、俄罗斯境内，属于跨界民族。我国境内的鄂温克族主要居住在内蒙古自治区呼伦贝尔大草原以及大小兴安岭地区，其中，内蒙古呼伦贝尔市的鄂温克族占鄂温克族总人口的85%以上。“鄂温克”是鄂温克族的自称，意为“住在大山林中的人们”，是古老的森林民族。随着历史的发展，大部分鄂温克人走出山林，迁居草原和河谷平原地带，成为牧民和农民，有一部分依旧留在山林从事狩猎和放养驯鹿。“鄂温克”这一称呼反映了鄂温克族与山林有着密切联系的古老历史和生活。

鄂温克人粗犷、剽悍，崇尚正直、诚实和勇敢，在长期艰苦的游猎、游牧生产生活实践中，养成了不畏强暴和勇敢刚毅的民族性格，有着战胜自然又能适应自然的顽强拼搏和自强不息的精神。长期以来，鄂温克族同各族人民一道在维护祖国统一、保卫边疆的斗争中做出了重要贡献，赢得了“索伦劲旅闻天下”的美誉。

鄂温克族属于我国人口较少民族。全国鄂温克族由新中国成立初期的6200人，增加到目前的30 875人，这是鄂温克族发展的重要标志，也是这个曾经苦难深重的民族面对剧烈变化环境的积极调适。带着草原的芬芳，乘着歌声的翅膀，“敖包相会的地方”鄂温克草原，为世人所向往。在那“杨树林茂盛的地方”，被誉为“中国最后的狩猎部落”的敖鲁古雅鄂温克人也正日益揭开其神秘的面纱。

历经岁月的沧桑，虽然鄂温克族割舍不断对高山和森林的爱恋，

但他们正在跨出茂密的森林、草原，走向更加广阔的舞台。这就是鄂温克人在新时代演绎的传奇，也是我们无法释怀、永远铭记的彩虹之路。现在，就让我们一起走进森林，走进草原，去感受“森林之子”鄂温克族的自然和人文之美。

第一章

住在山林里的人

我们起源于黑龙江，曾经栖居于雅鲁江。
要说鄂温克、鄂温克人，历来被称为勇敢的民族。
源源流长的黑龙江，我们民族在那里发祥。
闪闪金光的雅鲁江，也曾是我们可爱的家乡。
要说鄂温克、鄂温克人，历来被称为勇敢的民族。
如今我们在呼伦贝尔，繁衍生息千万年。
歌声里传唱着历史的声音，我们永远珍惜美丽的故乡。

——摘自中国第一张鄂温克族原生态唱片《历史的声音》

第一节　历史的声音

历史上，由于居住地域的关系，鄂温克人把大兴安岭一带的山林，包括外兴安岭至阿玛扎尔河、勒拿河上游等地域统称为“额格都乌日”或“额格登”，这是鄂温克语，意为“大山”；另外还有一种说法，“鄂温克”的意思是“下山的人们”或“住在南山坡的人们”。上述两种解

释都说明鄂温克人曾是大山林中的狩猎民族。

一、从山林里走来

对于现有人口总数只有 30 875 人的鄂温克族来说，有关民族起源和早期成长的历程，知道的人并不多。鄂温克族是一个有语言没有文字的民族，因此，很多重大事情都是通过口述史的方式流传下来。就鄂温克族的起源问题学术界说法不一，目前有两种不同观点：一种观点认为鄂温克族起源于贝加尔湖沿岸及以东地区的北室韦；另一种观点则提出鄂温克族起源于乌苏里江流域靺鞨七部之一的安居骨部。

已故学者吕光天认为，[①] 最迟在铜石器并用时代，鄂温克人的祖先就已居住在贝加尔湖一带。根据鄂温克族的传说，鄂温克人的祖先活动地是在贝加尔湖沿岸及其以东以北的广大山林之中。鄂温克族在我国的古史中，并非以鄂温克的名称出现，北魏时期，在今黑龙江流域出现的“失韦”与鄂温克族历史来源的关系有可供研究的线索。《魏书》载：“失韦在勿吉北千里去洛六千里”。[②] 根据《隋书》载：“室韦分南室韦、北室韦、钵室韦、深末怛室韦、大室韦”[③] 等五部，室韦活动的范围和方位在古籍中是明确的。《旧唐书·室韦传》记载：“东至黑水靺鞨、西至突厥、南接契丹、北至于海”。[④] 这里所说的海，就是今贝加尔湖，所以北室韦的北境在贝加尔湖以东和黑龙江以北、外兴安岭，最东到精奇里江和黑龙江汇合点，最南到嫩江及绰尔河一带。

---

① 《鄂温克族简史》编写组．鄂温克族简史．内蒙古人民出版社，1983：8～10.

② 《魏书》，卷 100，列传 88，缩印百纳本第 1293 页.

③ 《隋书》，卷 84，列传 49，第 841 页.

④ 《旧唐书》，卷 199（下），北狄（室韦）.

古代鄂温克族的文化发展，主要表现为狩猎和捕鱼文化。随着驯鹿饲养业的发展，鄂温克族的经济文化中一系列新的要素形成，生活习惯、经济、文化以及社会关系等也有某种程度的变化。鄂温克人向东发展，其中一支来到了黑龙江中游、精奇里江、外兴安岭南北。从史书的记载看，他们居住在黑龙江上、中游的广大山林中，繁衍生息，很早以前就与我国北方各族接触往来。

应该说明的是，“失韦”或“室韦”部，是由若干不同部落、部族构成的，它包括了鄂温克、锡伯、蒙古等族祖先的成分。室韦各部中与鄂温克族来源较密切的是“北室韦”、“钵室韦”及“深末怛室韦”三部。鄂温克族的历史和经济文化特点同以上室韦诸部有着相同之处，室韦诸部所分布的贝加尔湖以东，外兴安岭以南地区与鄂温克族16、17世纪以前生活的地域范围一致。从文化风俗上说，“北室韦”和“钵室韦”各部，在人去世后将尸体放在树上进行风葬。《魏书·失韦传》有“父母死，尸则置于林树之上”等记载。而直到20世纪40年代，部分鄂温克人仍保留着类似的安葬法。《北史·室韦传》记载室韦“用桦皮着屋”，这同鄂温克族的游猎部落曾用白桦树皮搭盖圆锥形的“仙人柱”是相符合的。

基于以上材料，吕光天等学者认为“北室韦”等部与鄂温克族在历史线索和文化方面有着相承关系，鄂温克族源于“北室韦”等部。从鄂温克族早期的民族学特点看，还有一部分鄂温克族是饲养驯鹿的，在原始森林中从事狩猎活动。他们与“北室韦”等几个部落毗邻，住在距贝加尔湖东北岸五百里的维提姆河苔原森林中，史书称他们为“鞠国”。这一部落是鄂温克族许多使鹿部落的祖先之一。根据考证，证明鞠部所居之地是自古使用驯鹿的鄂温克人的家乡。这说明，“北室韦”等部与“鞠部”都是有共同文化的鄂温克族的不同分支，都是鄂温克族的祖先。元代史籍把居住在贝加尔湖以东和广大黑龙江流域的

鄂温克、鄂伦春、蒙古等族都称作“林木中的百姓”。《明一统志》中称他们为“北山”上“乘鹿出入”的人。清代文献称他们为“索伦部”和“使鹿”的“喀穆尼堪”（即索伦别部）。

以鄂温克族学者乌云达赉为代表的一部分学者提出靺鞨安居骨部说[①]。认为鄂温克族起源于乌苏里江、绥芬河、图们江下游等流域，祖先是靺鞨七部之一的安居骨部，并提出向西发展说。北齐时期的靺鞨安居骨部，分布于乌苏里江流域。“安居”即 ewenki（鄂温克）的译音，“骨”为江、河水。安居骨因该江流域有 ewenki（鄂温克）部居住而得名。安居骨的另一名称为“乌素固”，“固”与“骨”为同音异义，“乌苏固”即乌苏里江。

西晋太康六年（285 年），肃慎之乌苏里江部落（即靺鞨安居骨部之先民）南侵高勾丽。高勾丽北攻肃慎之乌苏里江流域诸部落，掳六百余户西迁至夫余南乌川，即今第二松花江的松花湖西岸地区。他们之中的一些部落分支继续西迁到洮儿、霍林、哈拉哈三河上游以及乌苏里江流域，《北史》称之为南室韦，辽代称为于厥、黑车子室韦，元代称为亦乞列思。而留居第二松花江中、下游流域的一些部落分支，唐初自称粟末乌素固部（即第二松花江之乌苏里江部落）或自称夫余乌苏固部（即夫余地方之乌苏里江部落）。此外，还有一些部落分支溯洮儿河，翻过大兴安岭，西达呼伦贝尔地区，而为唐代的室韦乌苏固部，即室韦之乌苏里江部。它与唐代的室韦亦塞没部、西室韦，在辽代被统称为乌古。元代称乌古为弘吉剌。这以后，乌古部又西渡鄂嫩河，溯音果达河，顺乌达河，再履冰西渡贝加尔湖，在安加拉河上游左岸建城居住（在今伊尔库次克西北乌苏里室韦城）。其中一些分支顺安加拉河西下，到了叶尼塞河中游流域，他们对当地的吉尔吉斯人和哈卡斯人自称兀速（乌苏里）人。

---

① 乌云达赉．鄂温克族的起源．内蒙古大学出版社，1988：10～12.

北齐时代的靺鞨安居骨部从乌苏里江地区出发的迁徙过程，在鄂温克族萨满关于鄂温克族起源的口头经典中也同样有如下记叙：

> “我们是从石勒喀河的发源地出发，顺着西沃特山的影子，经过黑龙江，来到了这个地方。我们祖先的根子，在那边的撮罗子里。”

含义上却存在不同的理解，在这首形成于黑龙江上游流域的萨满唱词中，“石勒喀”来源于鄂温克语，意为浊水，指乌苏里江，因其水浑浊而得名，不是指今黑龙江上游的石勒喀河。“西沃哈特”也来源于鄂温克语，其中“西沃”意为森林，“哈特”意为山，即指位于乌苏里江与日本海岸之间的锡沃特山脉。①

目前学术界就鄂温克族的起源问题，仍然没有定论。有关鄂温克族起源的深入探讨，对于逐步增进历史意识的鄂温克族，对于关注中国北方早期社会发展史的人们，对于那些从整体上关注中华民族文明进程的人们，提供了不可忽视的、新的历史参照点。

二、开天辟地的传说

鄂温克族在历史的发展过程中创作了许多民间口头传说、神话、故事等，内容十分丰富。对于只有语言没有文字的鄂温克族来说，这些传说和故事是民族历史世代传承的载体，也使我们得以发掘和窥见鄂温克族远古时代的历史面貌、自然景象和生产、生活历程。

《英雄始祖的传说》中讲道：古代在阿尔泰地方，白堪皇帝与布鲁

① 乌云达赉．鄂温克族的起源．内蒙古大学出版社，1988：10～12.

康皇帝争天下，双方征战不息。由于战乱，属民四处逃散，跑到兴安岭的叫雅库特，跑到平原草地的叫通古斯或索伦。帖列亚德尼柯成了通古斯的首领，索卢哈鲁布纳成了索伦的首领，卡鲁恩钦成了喀木尼堪的首领。故事中虽然对雅库特与喀木尼堪的记载有些混淆，但是对鄂温克人三个部落祖先的脉络还是很清晰的。

如《人类是从哪里来的》《山神白纳查的传说》《用泥土造人和造万物的传说》《舍卧刻的传说》等，都属于鄂温克族的起源神话。特别是在《用泥土造人和造万物的传说》中讲道：

“很久以前，有个名叫保鲁痕巴格西的天神，他用地面上的泥土，捏成了一个又一个似生灵万物的模型，从此就有了人类和世界。可是捏来捏去，泥土没有了。天神知道，在一个名叫阿尔腾雨雅尔的大龟身底下，压着使不尽的泥土，只是无人敢去惊动它，因为慈祥的天神不肯轻易去伤害生灵。正在天神为难时，就见由东边出太阳那个地方，奔驰过来一位骑白马背弓箭的萨满，一见他就问道：‘保鲁痕巴格西你干什么呢?’‘我正造人和万物，但现在没有泥土了，你能叫大龟欠一下身子吗？我没办法叫它离开。’萨满说：‘我叫它离开，咱俩一起造人、造万物。我这有弓箭，可以把它杀掉!’天神从来不杀生，他不忍心那样做，但实在无法，只好答应了他。英武的萨满骑上马，奔到阿尔腾雨雅尔伏卧着的地方，猛然拉弓射箭，射中了它的后脖颈。阿尔腾雨雅尔中箭后，四脚朝天，仰起肚子一下昏厥了过去。从此，保鲁痕巴格西天神就得到了更多的泥土，可以继续造人和万物了。而阿尔腾雨雅尔的四脚就成了四根天柱，撑住苍天。从那时起也就分开了天和地，开始有了人类和万物……”

这则神话故事传达出这样的信息：天神捏土造人经历了两次创造

活动才得以成功。第一次因泥土有限被迫停止，第二次由萨满相助，从神龟底下取出无尽的泥土，日夜不息地创造人类，人类也变得和美起来。由此可见，天神经过两次创造活动产生人类的观念，反映了鄂温克族先人早期的创造意识、劳动意识和与自然和谐共存的生命意识。即使是天神创造人类，也是经过艰苦劳动、反复实践和考验才取得成功的。中途泥土用尽，由萨满协助从神龟底下取出无尽的泥土；天神不忍心伤害神龟，体现出多神合作、取利有道、和谐共处的原始初民的价值观，也体现出鄂温克族人类起源神话内涵上的独特风格。此外，“泥土造人”这一主题在各民族中具有普遍性，但在鄂温克人中流传的“保鲁痕巴格西”天神是佛教传入后的概念，所以，这则神话应是萨满教和佛教文化融合后形成的。

有的起源神话与萨满密切相关。《人类是从哪里来的》故事中讲道：“在太阳出来的地方，有个白发老太太，她是抚育万物的萨满，人间的幼儿幼女都是由她赐予。”很明显，这则神话是母系社会的产物，它以女性崇拜为核心，把妇女的统治地位和妇女在氏族中的威望看成是一种必然，世上的一切都归功于妇女。可见，在鄂温克族萨满创造人类的神话中，相当直接地强调萨满自身的创造力，并且极其鲜明地突出萨满的特殊身份。而这种观念的形成与鄂温克族的萨满教信仰有着千丝万缕的联系。萨满在鄂温克族信仰世界中举足轻重，在生产生活等诸多方面发挥着核心作用。因此，“萨满创造人类”成为鄂温克族起源神话中独特而重要的类型之一。

《舍卧刻的传说》则是一则萨满由来神话：“世界上刚开始有人类的时候，有一个梳着长辫子的鄂温克人，他在勒拿河附近的山中发现一个湖，叫拉玛湖……湖中有条长着两只角的蛇，它是从天上下来的神蛇。这个人也就是最早发现鄂温克人发祥地的人，这个人死后成为其后代所崇拜的对象，他就是‘舍卧刻’。鄂温克人相信蛇附着在发现

者身上，使发现者成为它的代表，也就是它和鄂温克人之间的使者——萨满”。[①] 从这个故事中，我们清楚地看到两点：一是发现者成为“舍卧刻”，也就是氏族神，或者说是祖先神；二是因神蛇神灵依附在发现者身上，所以他就成为沟通神和人的使者萨满，从此形成祖先崇拜和萨满崇拜合为一体，同时也反映出了蛇图腾的痕迹。鄂温克人的第一个萨满就是依附着蛇神神灵的人。但是也有资料把世间第一个萨满解释为鹰的后代：“相传远古时代，有一只神鹰在人间选定了能够担当萨满的孩子，它先把孩子的灵魂吞掉，然后朝着太阳升起的东南方向飞去，最后落在一棵大树上。神鹰在树上筑巢产下一卵，在阳光雨露沐浴下孵化出一个孩子，这个鹰的后代变成了人世间的第一个萨满。”这个故事反映了古代通古斯民族的原始鸟图腾崇拜观念。每一个氏族都有不同的图腾，因此每个氏族的萨满由来神话互不相同。

在起源神话《开天辟地的传说》里，对于人类的起源、风雨的来历、雷电的产生都作了朴素的解释。关于鄂温克族起源的古老传说，大都十分简略，缺乏叙事或幻想的情节描述，这恰恰是人类早期神话的一个特征，并不失其作为重要社会史料的价值。总的来说，鄂温克族的神话传说，解读了对民族历史的朦胧记忆，反映了鄂温克族先人认识世界、改造自然、创造美好生活的朴素世界观和对幸福生活的向往。

三、两次大规模的南迁

17 世纪初叶（明末清初），我国居住在贝加尔湖西北，黑龙江上、中游的鄂温克族共分三支：[②] 第一支是居住在贝加尔湖西，北勒拿河支流威吕河和维提姆河的使鹿鄂温克人，共有 12 个大氏族，他们被统称

---

① 秋浦．鄂温克人的原始社会形态．中华书局，1962：96.

② 《鄂温克族简史》编写组．鄂温克族简史．内蒙古人民出版社，1983：19～20.

为使鹿的“喀木尼堪”或“索伦别部”。他们于18世纪初迁至额尔古纳河畔，是雅库特鄂温克人的先民。第二支是贝加尔湖以东赤塔河一带以马匹为交通工具的使马鄂温克人，被称为“纳米雅尔”部落或“那妹他”，共有15个氏族，是通古斯鄂温克人的先民。第三支也是最主要的一支，即“索伦”本部，系指由石勒克河至精奇里江一带的鄂温克人。人数最多，以博木博果尔为首形成了一个大的部落联盟，但具体人数不详。

“索伦”这一名称，是满族对鄂温克人的称呼，有“射手”和“请来”之意。由于他们英勇善战，因此，周围诸部也都愿意称自己为“索伦”。当时，这三支鄂温克族都过着氏族的生活，冬季在森林中以弓箭、地箭、绳套猎取野兽，穿兽皮，用驯鹿或马当运输工具，夏天则在河边捕鱼。所不同的是赤塔河一带的鄂温克人从事部分牧业兼行狩猎；精奇里江一带的鄂温克人，除狩猎捕鱼外，还兼营少量牛马畜牧业。他们人数最多，沿黑龙江中游北岸与达斡尔各部杂居，建立了不少木城和村屯，各村屯之间有着密切联系，统一构成索伦部。[①]“索伦”部很早就与满族和汉族有了经济文化上的交往，每年都有内地商人带着丝织品及铁质生产工具与鄂温克等族交易，鄂温克人以皮毛换取布匹、绸缎、铁器等物品。从后金开始，汉族和满族的物质文化已传入“索伦”部，一部分鄂温克人已经建造了定居的房屋，以纸糊窗，改穿满族的服饰。“索伦”部与内地的交易对其社会发展起到了积极的促进作用。

由于地区分散，加之从事的生产不同、受外部生产方式影响的程度不同，鄂温克族的社会发展极不平衡。被称为“索伦”和“通古斯”的两部分很早以前就进入了宗法封建社会，而被称为“雅库特”的少部分人，由于从事游猎生产，生产力十分低下，新中国成立前仍处于

---

① 《鄂温克族简史》编写组．鄂温克族简史．内蒙古人民出版社，1983：20.

原始社会末期父系家族公社的历史阶段。

17世纪30年代至40年代，正是后金（清）统治者与内地明朝激烈争夺天下的时期。出于这一目的的需要，后金政权只有完成统一包括黑龙江中、上游地区在内的整个东北地区后，才有可能实现自己的战略目标。因此，他们在“招抚”这一地区弱小民族的同时，对不那么“恭顺”，不肯屈服其统治政策的索伦部地区于1639～1643年发动了三次征服战争，用武力使之归附了后金政权。

经过三次征战，清军共俘获和“招抚”1.45万人，并将其发落到东北各地。[①] 在三次征战的前后，还有一些索伦部的氏族头领多次向清廷纳贡，接受管辖。至此，清政府完成了征服这一地区的任务。

17世纪40年代，沙皇俄国的武装远征队开始野蛮侵略贝加尔湖和黑龙江北岸流域，给当地的鄂温克、达斡尔、鄂伦春等族人民带来深重灾难。居住在尼布楚、雅克萨一带的鄂温克等族人民拿起扎枪、弓箭，英勇抗击沙俄侵略者。由于鄂温克等族的刀箭等原始武器远远落后于俄国侵略者先进的枪炮，又加之缺乏统一的领导，所以很难抵御沙俄侵略者的进攻。1658年，当沙俄侵略军强占尼布楚时，鄂温克人奋起反抗，经过几次战斗，给侵略者以沉重打击。在石勒喀河的鄂温克“纳米雅尔”部的其他氏族也纷纷拿起武器同沙俄侵略者展开斗争。他们拒绝向侵略者缴纳毛皮实物税，包围了沙俄侵略者盘据的尼布楚，夺回马匹，平毁了侵略者强行种植的农田。在清朝军队抗击沙俄侵略者的呼玛尔河口、尚坚里黑、古法坛村等战役中，鄂温克族将士都参加了战斗。在1685～1686年的雅克萨战争中，鄂温克人不仅参加战斗，而且担负军需、粮食供应和驿站运输的任务，并在深入敌后侦察、参加收复雅克萨战斗中做出了卓越的贡献。[②] 从沙俄开始侵略到1689

---

① 魏源．开国龙兴记·圣武记（卷1）．

② 《鄂温克族简史》编写组．鄂温克族简史．内蒙古人民出版社，1983：32～42．

年签订中俄《尼布楚条约》的40多年间，鄂温克族同其他民族一道，为保卫祖国领土、保卫家乡做出了重要贡献。

这个时期，也正是清朝致力于夺取全国政权的关键时期。当时清王朝已挥师入关，正忙于统一中原的战争，无力调兵来支援鄂温克等族人民反击沙俄的侵略。在这种情况下，清政府命令居住在石勒克河及精奇里江等地的鄂温克、达斡尔等民族向南迁移。这样既可以减少沙俄侵扰给各族人民带来的痛苦，又可以断绝侵略军的牲畜和食物来源。1644年（顺治元年），居住在精奇里江一带索伦部的鄂温克族开始了大规模南迁，他们以部落或氏族为单位渡过黑龙江，翻越兴安岭，历经千辛万苦，终于来到美丽富饶的嫩江流域。他们的迁徙是同达斡尔族的迁徙同步进行的。

在分散渡黑龙江时，年长的鄂温克老人嘱咐青年人说："过了江要找鄂温克人，头戴狍头皮帽子，衣袖上有箭环图案的，就是鄂温克人。"① 渡江场面很悲壮，一些不会游泳的鄂温克人被江水卷走。当时的嫩江流域地阔人稀，水草丰美，很多地方尚处于未开发阶段，因此南迁的鄂温克族便以部落为单位择地而居。在索伦鄂温克族南迁的过程中，被称为"喀木尼堪"的鄂温克人迁徙到额尔古纳河以东的根河和海拉尔河流域。

17世纪中叶，世居黑龙江上游的鄂温克人先后两次南迁至大兴安岭和嫩江流域地区。第一次是在1640年，清军征讨索伦部后被裹胁和引渡过来的；第二次是在沙皇俄国入侵黑龙江地区后，于1650年左右迁移过来的。当1689年《中俄尼布楚条约》划定中俄边界时，大部分鄂温克族已经迁入大兴安岭嫩江流域及其各支流，完成了索伦本部大规模的历史性迁移。这次迁徙过来的鄂温克人，有5000余人。② 两次

---

① 内蒙古自治区编辑组．鄂温克族社会历史调查．内蒙古人民出版社，1986：15.

② 沈斌华，高建纲著．鄂温克族人口概况．内蒙古大学出版社，1991：24.

大规模的南迁在鄂温克族的历史上都是前所未有的，特别是对一直保持着狩猎传统的鄂温克族来说，意味着要适应新的生存环境，要改变旧有的生活习惯，掌握另一套生产手段，鄂温克人展示出了极大的适应性和生存智慧。

第二节　索伦劲旅闻天下

鄂温克族将士能骑善射、骁勇善战，为抵御外来侵略，维护祖国统一和领土完整做出了贡献，赢得了“索伦劲旅闻天下”的美誉。

一、布特哈打牲部落

在鄂温克族南迁过程中，清政府对鄂温克族给予了大力的支持和帮助。清政府一方面承认鄂温克族已选定的居住地和游牧区，另一方面又划定区域供他们居住，并按南迁鄂温克族中的壮丁分配土地。此外，还划定公共的牧养地和草场，在遇到自然灾害时给予救济，这对南迁后鄂温克族的生产和生活发展具有重大意义。同时，清政府也加强了对迁居嫩江流域后的鄂温克人的管理。鄂温克族迁居到嫩江流域后，按照部落和异姓不混杂的习俗，除少部分人定居于平原河谷地带外，绝大部分鄂温克人依山依林而居，“逐水草挨次落居村屯”，分布在诺敏河、阿伦河、雅鲁河、绰尔河、济沁河等嫩江支流一带。1671年，清政府对鄂温克族的部众陆续编佐，总称为“布特哈打牲部落”。[①]“布特哈”是满语，汉译为打牲之意，这是因为鄂温克等布特哈部落从事狩猎生产而得名。

清政府在康熙二十二年（1863 年）把布特哈地区的鄂温克族编为

---

① 《鄂温克族简史》编写组．鄂温克族简史．内蒙古人民出版社，1983：46～47．

五个“阿巴”[①]，即诺敏河一带为阿尔拉阿巴，阿伦河一带为涂格敦阿巴，雅鲁河一带为雅鲁阿巴，济沁河一带为济沁阿巴，绰尔河一带为托信阿巴，共任命69员佐领。在讷莫尔、都伯浅、莫日登设达斡尔族三个“扎兰”[②]。这五个阿巴、三个扎兰统属齐齐哈尔总管，任命鄂温克人为总管、副总管，直属中央理藩院统管。康熙初年改属宁古塔将军管辖，后归黑龙江将军统管辖。

布特哈地区幅员辽阔，以嫩江为界，江东称“东布特哈”，江西称“西布特哈”。清政府将鄂温克、达斡尔、鄂伦春和部分蒙古等民族编入布特哈八旗军制内，置旗长（总管）、副旗长（副总管）、管领，旗下设章京（佐领）、哈朋（骁骑校）、宝西乎（领催）等官员。[③] 壮丁平时狩猎、农耕，向朝廷贡貂，战时出征。自康熙年间开始，包括鄂温克族在内的布特哈八旗官兵与散丁开始向朝廷贡貂，到光绪三十二年（1906年）废止。在前后200多年的时间里，鄂温克族究竟向朝廷贡了多少张貂皮，虽无确切数字，但我们仍可以从这样几个数字看出大概：乾隆六十年（1795年），布特哈地区贡貂男丁为5475人。15年后略有减少，但仍为5305人。此后，至光绪八年（1882年），贡貂数额仍确定在4200张。其间，或因貂少而捕不到，兵丁们只好在别处购买貂皮以充额数；或因种种原因（如无乘马或倒毙）完不成任务，受到斥责或扣饷银等。[④] 贡貂是压在布特哈鄂温克族兵丁身上的一项繁重贡赋。

---

① 阿巴，意为“围猎场”，是清政府在布特哈地区按照地域划分的，包括若干不同民族的鄂温克族的地方行政单位。

② “扎兰”，意为“连”或“队”，是布特哈地方鄂温克人、达斡尔人的行政组织。

③ 清政府将鄂温克人以“哈拉”为单位编制成“佐”，任命“佐领”来管理，编入八旗组织。八旗结构的第一层是旗；旗的下面是牛录（佐），牛录的头目叫“牛录达”，一般叫“章京”，汉译为佐领；在“牛录”下面是各村的行政组织，即“嘎辛”（村），设“嘎辛达”（村长），管理村里的事务。

④ 《鄂温克族简史》编写组．鄂温克族简史．内蒙古人民出版社，1983：54～58.

嫩江流域的鄂温克族对清政府的一项重要义务就是当兵出征和驻防。康熙三十年，清政府“以索伦、达呼尔之中，酌量令其披甲驻防”。[①] 被编入八旗的鄂温克族官兵，过着“出则为兵，入则为民”的生活，有巡查边境、驻守国境线卡伦（哨所）和驿站传达的任务。由于鄂温克族将士骁勇善战，被清政府频繁调到瑷珲、呼伦贝尔、新疆伊犁等地戍边作战，金戈铁马、奋勇效力、西征南战，转战22省，取得了许多军事胜利，赢得了“索伦劲旅闻天下”的美誉。为抵御外来侵略，维护祖国统一和领土完整做出了贡献，涌现出很多英勇善战、战功卓著的英雄人物，但也付出了巨大的牺牲。

二、移民实边

1689年，中俄签订《尼布楚条约》，确定了中俄东段边界，额尔古纳河成了两国天然分界线。从此，额尔古纳河以南的大兴安岭和呼伦贝尔草原由内陆地区变为边疆前沿，处于有边无防的状态。为了加强对边疆地区的防御，调遣兵丁驻防呼伦贝尔，开拓大草原，防御沙俄侵犯势在必行。清朝统治者深知蒙古、鄂温克、达斡尔、鄂伦春等民族骁勇善战，善于游猎和游牧，宜于开拓草原，固守边防，故决定实行“移民实边”政策。

根据雍正皇帝的御旨，黑龙江将军珠尔海命令达巴哈（巴尔虎蒙古族佐领）、博勒本察（鄂温克族佐领），从布特哈兵丁中挑选索伦（鄂温克）壮丁1636名，占兵丁总数的54.5%；达斡尔壮丁730名，占总数的24.3%。另外，还有巴尔虎壮丁275名，鄂伦春壮丁359名，连同家属不能分离而未经测丁的男子及闲散老弱796名遣往呼伦贝尔，总计3000人迁入呼伦贝尔草原。随军家属是根据“索伦、巴尔虎蒙古

① （清）西清．黑龙江外纪（卷4）．黑龙江人民出版社，1984.

向来习惯游牧和狩猎，可携带家属迁往；达斡尔向来习于住房耕种生活，迁居之地仅限壮丁前往，俟盖房耕种立业后，将彼等妻子家属移住”的规定，鄂温克家属居多，巴尔虎家属次之，达斡尔则无家属。[①]清政府在这里设立了八旗地方行政机构，即索伦左翼和索伦右翼，受呼伦贝尔副都统衙门管辖，设总管、副总管、佐领、领催等地方行政官员，同时，“各给马匹、牛、羊，以资游牧，而期滋生”。[②] 这部分鄂温克族的后裔就是今日呼伦贝尔鄂温克族自治旗的鄂温克人。索伦部驻防呼伦贝尔，进行“移民实边”，具有重大的历史意义。

索伦部策马奔驰在呼伦贝尔草原　（敖能摄）

首先，开辟了边防线。清政府将鄂温克、达斡尔、鄂伦春、巴尔虎、额鲁特兵丁移驻呼伦贝尔以后，设置了自齐齐哈尔至呼伦贝尔之间的驿站，以疏通黑龙江境内的边防交通要冲。驿站兵丁从各旗派出，每年按值班轮流驻守，兵丁多由呼伦贝尔、布特哈鄂温克和达斡尔兵

① 清世宗实录（卷117）.
② 清世宗实录（卷117）.

驻守，任务是传递往返公文、保卫交通要冲。驿站都备有良马和车辆，所需费用由黑龙江将军衙门供应。这些驿站当时也是来往行人的一条重要交通线路，后来又发展成为一条商路，为呼伦贝尔与内地政治、军事、经济和文化交流起到了重要作用。实际上，直到民国初期，索伦兵丁仍旧在呼伦贝尔地区起到了安内御外的作用。1932 年，日军侵占呼伦贝尔地区，成立兴安北省，持续 200 年之久的呼伦贝尔八旗建制解体。

其次，发展了畜牧业经济。索伦鄂温克人自 1732 年迁入呼伦贝尔草原，至今已有 280 年的历史。呼伦贝尔草原地方辽阔，地势平坦，水草丰美，资源丰富，但气候寒冷，不宜耕种，适于放牧。鄂温克族原是狩猎民族，驻防呼伦贝尔后转向畜牧业生产。他们向巴尔虎和额鲁特蒙古族牧民学习牧业知识，掌握牧业生产技能，狩猎生产方式退居其次。从此，这支鄂温克人逐渐从狩猎的传统文化类型转向游牧文化类型。清政府采取了资助发展畜牧业的政策，按职务发给索伦部官兵一定数量的牛、马、羊，加上他们原有的牲畜，成为开拓呼伦贝尔畜牧业的基础。这些牲畜是呼伦贝尔草原畜牧业有资料记载的开始，也就是蒙古族乌拉特诸部于 1633 年南迁后，呼伦贝尔草原上出现的第一批大量的畜群。①

鄂温克、达斡尔、蒙古族在呼伦贝尔草原上安家落户，艰难经营，开发草原，逐渐使呼伦贝尔草原发展为我国富饶的畜牧业基地之一。他们是呼伦贝尔草原的开发者和创业者，做出了不可磨灭的历史性贡献。索伦部进驻呼伦贝尔使人口迅速增加，为满足驻牧戍边的需要，雍正十二年（1734 年），呼伦贝尔城（今海拉尔正阳街）筑成，俗称海拉尔城，并设置呼伦贝尔副都统衙门，索伦八旗开始归属呼伦贝尔

---

① 《鄂温克族自治旗概况》编写组编．鄂温克族自治旗概况．内蒙古人民出版社，1987：27.

总管衙门管辖。至此，海拉尔逐渐成为呼伦贝尔地区的政治、军事、经济和文化中心。部分驿站和边卡后来成为一定规模的城镇，在海拉尔城周围也出现了索伦八旗官兵及眷属居住的村屯，牧民也设立了很多放牧点。

清末民初，呼伦贝尔境内除了通有中东铁路以外，初步形成了牧区的商品运输网。各族人民以海拉尔城为中心，开辟了运输线路。通过输入外地商品和运出当地畜产品，既解决了内外物资交流的问题，也促进了呼伦贝尔地区牧业经济的发展。随着索伦八旗驻防人员及家属的生活和经济发展需要，越来越多的内地商人来呼伦贝尔经商，当时被称为“旅蒙商”。从北京、河北、山西等地来的八家商铺，从事购销活动，为戍边人员提供生产生活用品，同时把牲畜、畜产品及山林的皮货及时销往内地市场，推动了商品经济的发展。内地的很多商品源源不断地流入呼伦贝尔大草原，起到了促进呼伦贝尔经济发展的作用。仅 1922 年从海拉尔运出的牲畜、畜产品和猎物就有马四千匹、牛二千头、羊八万只、狐皮一千张、灰鼠皮二万张、狼皮一千张、马皮二千张、牛皮三千张、羊皮八万张、羊毛一百九十二万斤。[①] 可见，当时呼伦贝尔地区的畜牧业已经发展到相当大的规模，猎产品的售出量也很可观，向外界提供了各种牲畜、皮张和贵重中药材，活跃了国内外市场的商品交换。

鄂温克族自明末清初开始迁徙以来，经历清朝对鄂温克族地区的武力统一、与周边民族一起抗击沙俄的斗争、建立布特哈打牲鄂温克族八旗和“移民实边”呼伦贝尔草原戍守边疆，经历了数次激烈的社会与文化变迁。鄂温克人的几次迁徙，促进了黑龙江流域和呼伦贝尔草原的开发，推动了我国北部地区社会历史和经济文化的发展。“移民实边”到呼伦贝尔草原的鄂温克人从森林地带走到草原，开始了以畜

---

① 程延恒，张家璠纂著．呼伦贝尔志略．内蒙古文化出版社，2003：235.

牧业为主的生产生活方式，这既是一个经济形态的转变，又是一个生产方式的转变，也是适应生态环境的结果。伴随着社会政治、经济条件和社会结构的迅速变化，鄂温克族表现出了顽强的调适能力和生存智慧。

三、“武壮”海兰察

早在清初南迁编旗以前，鄂温克族长期生活在黑龙江上游以北广大地区，这为其从事渔猎生产活动提供了良好的自然地理环境。他们终年游猎于山岭中，驰骋追逐于密林间，这种世代相沿的狩猎生产生活方式，培养和铸就了鄂温克人耐寒苦、精骑射、善驰逐的技能与本领，不仅箭法极精、箭无虚发，而且骑术高超、无与伦比，故以“善于骑射”而“雄于诸部”。清初南迁编旗以后，精于骑射的鄂温克八旗官兵“往往以勇猛敢战，取翠翎珊顶及巴图鲁名号如寄，此海内所以称劲旅也”。①

由于鄂温克部队骁勇善战，所以被频繁调往各地作战，为了国土的完整、边疆的稳定，索伦勇士们“捐躯赴国难，视死忽如归”，赢得“索伦劲旅闻天下”的美誉。

鄂温克族涌现出诸多英勇忠诚的将领，乾隆时期的海兰察就是典型代表，他不但是著名的神箭手，更是善于发挥鄂温克族官兵骑射之长的一代名将。现鄂温克族自治区首府所在地巴彦托海镇北的海兰察广场，就是以民族英雄海兰察命名的。海兰察是一位传奇英雄，今鄂温克族自治旗人，属杜拉尔氏族。他出生于普通的牧民家庭，自幼丧父，跟随母亲给汉族人家放牧维持生活。母亲病故后，海兰察到海拉尔一家商号当牧工，但掌柜对他很不信任，时常监视和检查他。有一

---

① 何秋涛．索伦诸部内属述略・朔方备乘（卷 2）．

次掌柜看到一只黑熊睡在畜群旁边，才想起来自从海兰察来后，牲畜就没有任何损失。他感到非常奇怪，认定海兰察一定是个不平凡的人，就不敢再雇佣他了。海兰察体魄健壮，臂力过人，是天生的骑马、射箭、摔跤能手。乾隆年间，海兰察以马甲（士兵）从征新疆，参加了清军征讨蒙古准噶尔部割据势力的战斗。从此开始了戎马一生，平定准噶尔、战大小金川、入藏击退廓尔喀入侵等，屡建奇功。时亿先生在《乾隆特赐“武壮”——鄂温克民族英雄海兰察》一文中写道：

海兰察铜像　（包路芳摄）

卫国戳乱刀弊日，
戎马一生功盖世。
血化红雨民康福，
今唤海公宏图志。

海兰察带领鄂温克劲旅西征南讨，将游牧民族的箭法及驰骋之长发挥得淋漓尽致，被誉为“乾隆朝名将，海兰察为冠”。他因战功卓著，其图像四次入典紫光阁。根据乾隆皇帝的旨意，台湾地区和黑龙江等地还曾专为其修建祠堂。据《清史稿》列传记载，在清代功臣中，

图像被四次列于紫光阁且名列前50位的功臣只有两名，其中一位就是海兰察。清代武臣一向是没有乘轿的，乾隆皇帝为了表彰海兰察的英勇与忠诚，破例允许其乘轿。海兰察病故后，乾隆皇帝谕旨："仍著与谥，钦定谥曰'武壮'。"海兰察之子安禄，以战功赐三等侍卫，又以战功提任二等侍卫，并予骑都尉世职，获赐"哈什巴图鲁"称号，袭一等超勇公爵，并与其父一样进入昭忠祠。安禄的儿子赐名恩特赫默扎拉芬，命袭公爵。海兰察家族，因英勇忠诚和战功赫赫而被称为"英烈之家"。

海兰察戎马一生，身经百战，指挥有方，为保护边疆、维护祖国统一做出了重大贡献。在鄂温克族自治旗巴彦托海镇海兰察广场建有海兰察戎装铜像，以纪念这位鄂温克族的民族英雄。海兰察英勇忠诚的表现也是清代鄂温克族国家认同的一个缩影，透过这个缩影，可以看到鄂温克族对于中原王朝的认同及其对国家的贡献。

四、三种生产方式下的鄂温克族

1689年中俄签订《尼布楚条约》，规定两国以格尔必齐河和额尔古纳河为界，此后生活在两河附近的鄂温克族被划归到了中俄两个国家。在俄罗斯境内的鄂温克族曾被称为通古斯人，现定名为埃文克族，约有5万人，主要分布在西伯利亚地区。

鄂温克族由于历史上的不断迁徙和居住分散，加之交通不便，互相来往少，逐渐形成区域间的经济和生活差异。不同地区的鄂温克人曾被其他民族分别称为"索伦"、"通古斯"和"雅库特"。清初至顺治时代的档案史料中对鄂温克、达斡尔、鄂伦春统称"索伦"或"索伦部"。在相当长的一段历史时期，被称为"索伦"的不仅包括鄂温克族，也包括达斡尔族和鄂伦春族。以后，其他民族逐渐从"索伦"中分离出来，"索伦"便单独成为对鄂温克族的称呼。

历史上，尽管不同地区的鄂温克族有着不同的称呼，但他们都自称为“鄂温克”，是统一的鄂温克族。新中国成立后，根据鄂温克族的意愿，于1958年3月，决定将“索伦”、“通古斯”、“雅库特”的称呼取消，统一称为鄂温克族，恢复了历史的本来面目。1956年，在内蒙古自治区第四届人民代表大会上，鄂温克族代表提出了在索伦旗的基础上建立鄂温克族自治旗的提案。内蒙古自治区党委和人民政府对此十分重视，派调查组到索伦旗进行调查研究，广泛征求意见，充分协商。根据索伦旗的历史和现实条件，国务院于1958年5月批准在原索伦旗的行政区划内设立鄂温克族自治旗。1958年8月1日，鄂温克族自治旗正式成立。

日新月异的鄂温克族自治旗　（包路芳摄）

鄂温克族主要分布在内蒙古自治区呼伦贝尔大草原以及大小兴安岭地区，即在内蒙古自治区呼伦贝尔市境内的鄂温克族自治旗、陈巴尔虎旗、根河市、莫力达瓦达斡尔族自治旗、鄂伦春族自治旗、阿荣

旗、扎兰屯市等地，以及黑龙江省的讷河县、嫩江县，新疆的伊犁、塔河等地。在我国行政区划中鄂温克族共计拥有一个民族自治旗和9个民族乡，其中，内蒙古呼伦贝尔的鄂温克族占全国鄂温克族总人口的85%以上，形成了大分散、小聚居的分布格局。生活在呼伦贝尔市所辖的鄂温克族自治旗、陈巴尔虎旗的鄂温克族占本民族人口的一半以上，主要从事畜牧业。这里的鄂温克族经历了200多年的牧业实践，牧业经济已经成为其支柱产业。他们属于鄂温克族游牧于呼伦贝尔草原的一支，无论装束、居住习惯、生活风俗都具有典型的游牧民族特征。

生活在呼伦贝尔市所辖莫力达瓦达斡尔族自治旗、扎兰屯市、阿荣旗、黑龙江省讷河县等地的鄂温克族人主要从事农业、半农半牧业。这些地区的鄂温克族较早开始从事猎、农、牧和渔业，发展以交换为目的的商品生产，从事放木排、烧木炭、采榛子和木耳、制作大轱辘车等。其中，靠近大兴安岭山区的鄂温克族，猎业曾经在经济结构中占有较大比重，是以猎为主的多种经济；居住在嫩江平原鄂温克族的农业所占比重较大，是以农为主的多种经济。近几十年来，由于社会经济条件发生了很大变化，这一地区的鄂温克族已经形成了以农业为主的经济。居住在黑龙江境内的鄂温克族人很早就开始从事农业生产，与达斡尔族交往特别密切，俗称是“表亲民族”。所以，其生产方式，风俗习惯和文化艺术受达斡尔族影响较大，他们经营农业的耕作水平也与当地的汉族相当接近。

生活在呼伦贝尔市敖鲁古雅鄂温克民族乡的鄂温克人，史称“使鹿部”，是我国唯一饲养驯鹿的狩猎民族，也被外界誉为“中国最后的狩猎部落”。这部分鄂温克人曾经一直保持了古老的狩猎生产和驯鹿饲养业，现已逐步走上了以驯鹿业为主，发展多种经营的道路。

当年远征新疆的鄂温克人后裔只有70多人，分布于塔城等地。在新疆和内蒙古的鄂温克人中，传颂着一则“柳华东归”的感人故事。

为了寻根，1985年，塔城市80多岁的鄂温克族老人布克图不远万里来到鄂温克族自治旗，看望鄂温克族同胞。1988年，布克图老人又带领外孙女涂柳华参加了鄂温克族自治旗成立30周年庆祝大会。深感于两地鄂温克人血浓于水的感情，1990年涂柳华离开新疆，来到鄂温克族自治旗工作，并在这里成家立业，现任内蒙古鄂温克族研究会副秘书长。在柳华的影响下，她的妹妹也从新疆来到鄂温克自治旗工作和生活。共同的民族感情已经把两地的鄂温克人紧紧地连接在一起。

第三节　呼伦贝尔美

巍巍兴安岭，滔滔呼伦水。千里草原铺翡翠，天鹅飞来不想回，呼伦贝尔美。

每个人心中都有一片净土，有人觉得呼伦贝尔是理想的绿色净土，因为这里有巍巍兴安岭，还有滚滚呼伦水，更有充满历史和独特文化的鄂温克等众多少数民族。

一、到此令人牧马牛

夏季，草长莺飞的季节，从北京出发两个小时就可以到达呼伦贝尔上空。这时从飞机上鸟瞰，映入眼帘的首先就是呼伦贝尔大草原最靓丽的部分——鄂温克草原。它以近2万平方公里俊美的轮廓，似雨后滴翠的榆树叶片呈现在湛蓝的苍穹下。2010年美国《时代》杂志发布“亚洲最佳体验地”排行榜上，共有25处地方入选，呼伦贝尔大草原就排在11位。它犹如一幅巨大的绿色画卷，无边无际，是我国目前保存最完好的草原，水草丰美，生长着碱草、针茅、苜蓿、冰草等120多种营养丰富的牧草，有“牧草王国”之称。呼伦贝尔大草原也是一

片没有任何污染的绿色净土，出产的肉、奶、皮、毛等畜产品备受国内外消费者青睐，连牧草也大量出口日本等国家。

鄂温克族自治旗是鄂温克族最大的聚居区，隶属于内蒙古呼伦贝尔市，它位于巍巍兴安岭西麓，呼伦贝尔大草原东南部。全旗辖区总面积1.91万平方公里，以鄂温克族为主体、由蒙古、汉、达斡尔等25个民族组成，2010年总人口达14.4万人，少数民族人口为58 843人，约占总人口的40%，其中鄂温克族人口11 193人。自治旗共辖有3镇1乡5个苏木44个嘎查（村），巴彦托海镇是旗党政机关驻地，交通四通八达，距呼伦贝尔市首府海拉尔区8公里，是全旗政治、经济、文化的中心。

鄂温克族自治旗地处大兴安岭山地西北坡，处于大兴安岭山地向呼伦贝尔平原的过渡地段，地势由东南向西北倾斜，平均海拔为800～1000米。气候属中温带大陆性季风气候，冬季漫长寒冷，夏季温和短促，降水较集中，年平均气温在零下2.4～2.2℃，年平均降水量为350毫米左右，全年无霜期平均在100～120天。自治旗可分为三个地貌区，即大兴安岭中山—低山地貌组合、低山—丘陵地貌组合、残丘—高平原地貌组合。

鄂温克草原是呼伦贝尔大草原的重要组成部分，草原占全旗总面积的62.5%，这里水草丰美、风光旖旎、河流纵横、湖泊密布，是未受污染、生态环境保护较好的一片绿色净土。发源于大兴安岭的海拉尔河、伊敏河、辉河等河流，还有600多个大小湖泊和11个清泉，滋润着这块辽阔的草原。这里还是野生动植物的天然博物馆，占全自治旗总面积33%的大兴安岭原始森林中，生长着松、桦、株等贵重树木，盛产狍子、熊、野猪、鹿、天鹅、水獭等野生动物。鄂温克草原还具有丰富的人文资源，鄂温克族、鄂伦春族、达斡尔族三个人口较少民族以及布里亚特蒙古族、额鲁特蒙古族等多民族文化为这里增添了浓厚的人文色彩。

辽阔的鄂温克草原　（包路芳摄）

鄂温克草原腹地的辉河流域，也是鄂温克族的主要聚居区，鄂温克族聚居的辉苏木（乡）也因辉河而得名。“辉”是鄂温克语，意为水势浩大。这里湖泊众多，水草丰美，野生动植物丰富，每年上千只天鹅如约来到这里繁衍生息，在天鹅湖自由嬉戏。因此，辉苏木地区被誉为天鹅的故乡。辉河湿地国家级自然保护区是呼伦贝尔保护较好的区域，总面积3468平方公里，有很多珍稀鸟类，有保存完好无任何污染的湿地。保护区是大兴安岭山地森林向呼伦贝尔草原过渡带，集森林、草原、湿地于一体，具有低山丘陵、高平原、沙地、河谷等多种类型组合的地貌，呈现类型多样、独特、结构复杂的自然生态系统。保护区境内的湿地对维护区域生态平衡发挥着重要作用，是众多珍稀濒危鸟类生息繁衍的理想环境。保护区也是我国野生丹顶鹤的重要繁殖地和迁徙驿站，已经从几年前的20多只达到如今的50只。通过积极加强鸟类救护工作，迄今为止共救护国家一二级保护鸟类60多只，对于维护珍稀濒危鸟类种群数量起到了积极的作用。辉河自然保护区

具有丰富的动植物资源。据调查，保护区境内分布有鸟类 38 科 187 种，其中丹顶鹤、大鸨等国家一级保护鸟类 9 种，大天鹅、白琵鹭等国家二级保护鸟类 27 种。鱼类有 8 科 31 种，两栖爬行动物有 3 科 10 种，兽类有 15 科 42 种，其中国家二级保护哺乳动物 4 种。保护区内共有植物 344 种，分属 60 科 199 属，其中，蕨类植物 1 科 1 属 2 种，裸子植物 2 科 2 属 2 种，其余为被子植物。在这里，可以体验到“与狼共舞，与天鹅为邻”的唯美意境。

天鹅飞翔　（张忠泽摄）

在辉河湿地国家级自然保护区内，辉河中下游两岸，生长着大片天然芦苇，绵延 150 公里，面积 8 万多公顷，占全旗总面积的 4.5%。年产量可达 10 万吨左右，成为造纸工业的优质原料，被称为呼伦贝尔草原上的第二森林，辉河地区也因此被人们称为“芦苇之乡”。

鄂温克族自治旗境内还有红花尔基樟子松林国家级自然保护区。红花尔基樟子松是国内外稀有的珍贵树种，是鄂温克族自治旗的主要森林资源，也是我国仅有的一片樟子松林保护地。被誉为“樟子松故乡”的红花尔基樟子松林带，松林总面积8.7万平方公顷，连绵200多公里，组成一条美丽多姿、四季常青的绿色彩带。红花尔基，鄂温克语为刃沟之意，因其河谷如同刀刃沟般又直又狭窄而得名。红花尔基樟子松林是全国唯一、亚洲最大的沙地樟子松林，是呼伦贝尔重要的生态屏障。2005年又建成了国家级樟子松森林公园，并晋升为国家3A级森林公园。其中既有人工栽培50多年的樟子松林，更有大面积

红花尔基樟子松林 （布日古德摄）

四季常青的天然樟子松林，天然林占林木面积的70%以上。在天然林中，树龄长达300～500年的参天大树散布其间，千姿百态，成为国内最壮观的景色。由于林区地貌复杂，这里也是飞禽走兽繁衍生息之地，有国家级保护兽类四种，珍禽类26种，鸟类92种。森林公园内翠月湖水面近20公顷，在蓝天白云映照下碧波粼粼，与周边松林绿荫相得益彰。在中温带大旅行季风气候作用下，园内夏季多云雾，形成罕见的云海奇观。

在这片樟子松原始林带中，一片奇异的矿泉再度提高了鄂温克族自

治旗的知名度，这就是与著名的法国维希矿泉相媲美的维纳河矿泉。它身处大兴安岭的群山环抱之中，在10米方圆之内，竟有7眼作用各异的矿泉，除7号泉外，其他6泉均可饮用。维纳河矿泉水清澈透明，清爽可口，即使在寒冷的冬季泉水也会潺潺涌动，迎候着来此疗养的各种病人。维纳矿泉的7个泉眼水质各有差异，分别被命名为心脏泉、万能泉、头泉、胃泉、胃酸泉、耳泉、鼻泉，饮用或洗浴，都有神奇的疗效。关于泉水，在鄂温克族中流传着这样一个传说：两百多年前，有一位鄂温克老猎人射伤一只驼鹿，受伤的驼鹿跑入山谷间的泉水坑，打了几个滚后，伤势减轻而去。猎人赶到时，只见射中驼鹿的箭在泉水中，猎人很惊奇。这时猎人觉得口渴，蹲在泉边喝起泉水，几口水下肚，感到浑身舒服，疲劳消失。从那以后，"维纳阿尔善"（圣泉）就传开了。

在鄂温克草原，碧草如茵接天际，牧曲悠扬踏歌来，唯有感叹"如何造物开天地，到此令人牧马牛"。

二、敖包相会的地方

十五的月亮升上了天空，为什么旁边没有云彩，我等待着心爱的姑娘哟，你为什么还不到来哟……

这首深情的《敖包相会》已经传唱了近半个世纪，然而大多数人也许并不知道，这首脍炙人口的歌曲就诞生在美丽的鄂温克草原，并从这里传遍大江南北。这是一个被世界传唱的地方，皎洁的月光下，神圣的敖包山月色朦胧，一对恋人在这里相聚，已经成为鄂温克草原上最浪漫动人的画卷。

《敖包相会》歌曲的诞生有一段动人的故事。1956年的夏天，电影《草原上的人们》摄制组来到巴彦呼硕敖包山安营扎寨。《草原上的人们》是内蒙古著名作家玛拉沁夫发表在《人民文学》上的一部作品，后由北京电影制品厂编剧海默改编成电影。电影拍得很顺利，只是主题歌迟迟没有产生。出生在鄂温克草原的作曲家通福已经构思了许多优美动听的乐曲，只是一时还没有找到理想的歌词，不得不按下一次又一次作曲的冲动。八月十五中秋节的晚上，海默独自一人徜徉在巴彦呼硕敖包山下，头顶是一轮明月。皎洁的月光洒落在敖包山上，一对牧民青年男女在山下牵手漫步行走，一幅浪漫温馨的剪影映衬在月光中。海默的脑海里突然闪现出影片中男女主人公的形象，顿时文如泉涌，一句句优美的歌词浑然天成。他快步回到住所，拿出纸笔，一挥而就。然后又兴冲冲地找到通福，通福看后，连声叫好并很快谱好曲子。于是，这首传唱半个世纪的歌曲就此诞生。作品原著者玛拉沁夫重游巴彦呼硕敖包时感慨万千，亲笔题写“天下第一敖包”，现在该题词就镌刻在敖包山下。考古人员还在附近发现有鲜卑古墓。巴彦呼硕敖包因其浓厚的文化底蕴得到了“天下第一敖包”的美誉。每年鄂温克族庆祝民族节日“瑟宾节”或是举办大型活动时，都要在这里举行隆重的祭敖包仪式。

天下第一敖包：巴彦呼硕敖包　（包路芳摄）

巴彦呼硕，蒙古语意为“富饶的山岗”，巴彦呼硕敖包是鄂温克族自治旗境内各族人民祭拜天地和神灵的地方。每年农历五月十三日，在巴彦呼硕敖包山举行由喇嘛主持的大型祭祀敖包活动。仪式按照古老传统习俗举行，以求风调雨顺、人畜兴旺、吉祥如意。这是一座平坦的草原上凸起的小山包，西面是广阔的鄂温克草原，南面和东面是清澈的伊敏河蜿蜒曲折缓缓向北流过，河畔和山的东坡生长有柳树、杨树、山丁子、稠李子、野玫瑰、灯笼果、面果等树木。夏天，碧绿的草原一望无际，成群的牛羊像点点珍珠散落在草原上，弯弯的伊敏河在碧波无垠的草原上像一条银色的玉带，组成了一幅绚丽多彩的草原风景。放眼眺望，草原铺向远方，碧绿的草原与湛蓝的苍穹汇成一色。1989 年，鄂温克族自治旗政府在巴彦呼硕建立了草原旅游区，占地面积 5 平方公里，有 60 座设备齐全的新式毡包，一座多功能厅，可同时接待千人就餐，600 人住宿，成为呼伦贝尔草原上最大的草原旅游景区之一。茶余饭后，漫游在

远处的西博山　（包路芳摄）

草原上，观赏赛马、博克、套马和驯马表演，回归自然享用绿草的清香和微风的抚慰。每年春秋两季，身着盛装的牧人在这里祭敖包、摔跤、赛马、唱歌跳舞，尽情欢乐，构成了一幅独特的草原风情图。

除了巴彦呼硕敖包山外，从旗政府所在地巴彦托海镇到辉河湿地，会途经一座如馒头状的高山，当地人称之为西博山。它在一片平坦的草原上突兀而出，晴朗的日子，远隔几十公里都可以望见。关于西博山有一段动人的传说。据说清朝乾隆年间，有一户鄂温克人家在西博山南脚下生活，家境贫寒。男主人叫额格哲松，刚刚20多岁，后来应征入伍，往西南方向征战去了。这一去便杳无音讯，额格哲松出征时，妻子已经有孕在身。妻子想念丈夫，天天爬到西博山顶向西南眺望，盼望丈夫早日归来。日复一如，从不耽误。有一天，当她照常往山上走时，肚子突然痛起来，她好不容易在山顶阳面找到了一个坑洼处，生下了一个男婴。但是随身没有任何带刃的东西，无法剪下孩子的脐带。万般无奈之时，万里晴空突然升起云朵，从西南方飘了过来，下起小雨，而后响起震耳欲聋的雷声。滚雷击中母子身旁一块岩石，雷击过后，恐惧中的母亲低头一看，突然发现雷击处有一个闪闪发光的东西。她伸手拿过来一看，天哪，是一个天镞！鄂温克语就是“哲沃”。母亲就用这个天镞处理好了婴儿的脐带，母子平安。随着这个故事流传下来，人们就给这座山起名叫“哲沃”山，西博山名就来源于“哲沃”一词。据说，现在西博山顶南坡仍留有当年雷击留下的痕迹。西博山也已成为鄂温克草原上著名的风景区，很多游客慕名而来。

三、远处传来驯鹿的铃声

兴安岭绿葱葱，绿葱葱，染绿了云彩染绿了风。鄂温克人的驯鹿铃儿啊，震落了原始森林绿色的梦。啊！好时代，牵着驯鹿呦背着猎枪，绿色的兴安岭我的家乡。

2010年8月26日，鄂温克族原生态舞台剧《敖鲁古雅》在北京保利剧院首演。鄂温克人带领驯鹿穿越了历史的风尘，在莽莽林海中迁徙与跋涉，在无字部落中坚守着自己的历史文化。如今，他们引领观众走进使鹿鄂温克部落的神秘领地。位于呼伦贝尔根河市的敖鲁古雅鄂温克民族乡被称为“我国最后的狩猎部落”。1965年，鄂温克猎民从中俄边境额尔古纳河畔，搬迁到兴安岭深处具有“北极村”之称的敖鲁古雅。敖鲁古雅的鄂温克猎民主要靠打猎和饲养驯鹿生活，也是我国唯一饲养驯鹿的民族，被称为“使鹿鄂温克”。敖鲁古雅是鄂温克语，意为“杨树林茂盛的地方”。使鹿鄂温克族猎民长期生活在原始森林中，对森林充满了依赖，把广袤的森林作为他们的家园。虽然其中部分人已定居生活，但仍有一些人游居在山林中，赶着驯鹿群，终年过着漂泊不定的游猎生活，他们至今还是使用驯鹿的鄂温克人。

据史料记载，早在石器时代和骨器时代，生活在贝加尔湖和勒拿河上游的使鹿部鄂温克族猎民的祖先，就过着逐野生驯鹿而居的漂泊不定的生活。他们常年生活在深山密林，穿兽皮、吃兽肉，住“撮罗子”，受外界影响较少，在新中国成立前基本仍处于原始公社末期氏族公社的阶段。鄂温克人非常喜爱驯鹿，把驯鹿视为吉祥、幸福、进取的象征，并把驯鹿确定为自己民族的吉祥物。驯鹿性情温顺，体轻、蹄大，适合生活在寒冷地带，善于在沼泽、密林和雪地中行走，被誉为“森林之舟”，是鄂温克人的主要交通工具。

驯鹿，鄂温克语叫“鄂伦”。因为它的头似马而非马，角似鹿而非鹿，身似驴而非驴，蹄子似牛而又非牛，故俗称“四不像”，是珍稀动物。驯鹿本是野生动物，原生于贝加尔湖和勒拿河上游地区，后来被游猎的鄂温克人、鄂伦春人捕获饲养，逐渐驯化成为他们生产、生活的工具。鄂伦春族主要使用马匹以后，鄂温克族便成了我国唯一饲养和役使驯鹿的民族。驯鹿一般体长2米左右，高1米多，体重100～

驯鹿　（王卫平摄）

150 千克，毛呈灰褐色、白色、黑色、杂色等，尾巴较短，颈下有较长的垂毛。雄鹿较高大，雌鹿稍矮小，一般寿命 15～20 年。鹿科动物中，一般是公鹿有角，母鹿无角，唯独驯鹿与众不同，无论雌雄，头上都长着一对分枝很多的大茸耳。年龄不同，茸角的大小分枝也不同，每年脱角一次，第二年的三四月间重新长角。驯鹿全身都是宝，肉可吃，奶可饮，皮能制革，鹿茸、鹿鞭更是珍贵的药材，是鄂温克人的主要经济来源之一。虽然猎民点饲养着成群的驯鹿，却并不轻易宰杀食用，被宰杀的驯鹿只是伤残和衰老的，食品大多是隔段时间托人从山下采购的大众食品。

因为驯鹿生性温顺，不踢人不咬人，一般多由妇女饲养管理。饲养驯鹿比较方便，不用栏圈，不用喂草，只要将其散放在住地附近的山沟里，任其自由觅食即可。每当夜幕降临，驯鹿便三五成群地离开宿营地，到密林中寻食，天亮了便自动回来，白天不再离开。驯鹿的

觅食能力极强，即使冬天大雪封山，它也能用宽大的前蹄扒开 1 米深的积雪寻吃苔藓。有时在一个地方待久了，没有足够的苔藓，驯鹿就得到很远的地方去觅食。有时驯鹿出去三四天，猎民们需要走上百里路才能把它们找回来。驯鹿的嗅觉灵敏，能很快找到苔藓多的地方，鄂温克人就沿着驯鹿的脚印找到下一个定居点，找出水源，暂时居住下来，这就是使鹿鄂温克人的一种生活方式。驯鹿体壮，能负重 40 多千克，日行 20 多公里，由于它蹄子宽阔，因而在深雪和沼泽地里或密林中都能长途跋涉、穿行无阻。既可驮运货物，又可骑乘，是鄂温克猎民不可缺少的生产、生活工具。平时主人的猎获物，迁徙时的炊具、粮食、衣物及搭“撮罗子”用的篷布、桦树皮等一切生活用品都是由驯鹿来运输的。另外，驯鹿还可供年老体弱者、妇女和儿童搬家时骑乘。

使鹿鄂温克人摸索出了一套适应大兴安岭气候、食物条件、温度、湿度等自然特点的养护驯鹿的方法，使驯鹿在远离北极苔原地区的地方得以存活。夏天，从已去势的公鹿中选择高大强健的鹿，给它们戴上笼头，并用几根缰绳缚住，几昼夜不放。当驯鹿体力消耗得差不多时，猎民们采回鲜嫩、多汁的蘑菇喂它们，但数量不多，始终让驯鹿处于饥饿状态。同时，大人和小孩经常在鹿身边活动，使它的畏惧心理逐渐减少，并将它牵到河边饮水，建立人鹿亲和关系。然后，给它们驮轻微的东西牵着遛，并逐渐增加重量，直到它们听话顺从为止。整个驯化过程，大约要 10 天。驯化好的鹿特别听猎人的话，需要时，以木击树，驯鹿闻声而来。夏天，当蚊虻出来时，只要拢烟，驯鹿就会自己跑来。驯鹿颈下的铜铃，鄂温克语叫“巧尔然”，也有用落叶松做铃，是为了在森林里顺着铃声寻找方便和恐吓野兽。每当猎民敲击用鹿蹄壳做成的皮盐袋时，喜欢舔盐的驯鹿一听到这熟悉的声音，随着欢快的铃声都会迅速地围过来，争着把盐舔完，并且依偎着不肯离开，成为深山密林中极为感人的景象。

20世纪五六十年代，国家开发大兴安岭，在森林资源调查、物探、修建铁路、护林防火以及支援部队边境建设等各项工作中，有“活地图”之称的鄂温克族猎民不仅当向导，而且用驯鹿驮运物资、粮食、器材、柴草等。可以说，大兴安岭林业铁路的物资，是鄂温克人用驯鹿一点一点驮进深山的。

鄂温克人非常疼爱自己的驯鹿，给每只驯鹿都取有名字，视驯鹿如孩子一般。在他们看来，驯鹿招人喜爱，性情很温和，天生喜欢跟人亲近，它不会咬人，也不会攻击人。只要兜里装上豆饼，再装点盐巴，喂上几天就跟你熟了。他们平时不让孕鹿和幼鹿驮重东西，出汗时不让它们饮水，以免流产和得病。用老猎民的话讲：“我们把鹿看成自己家里的一个重要部分，有时真的觉得就像我们自己的孩子一样。别说驯鹿离开了我们不行，如果哪一天真让我们离开了驯鹿，我都不敢想象怎么生活。”

四、狩猎部落“最后的女酋长”

2003年8月，当敖鲁古雅鄂温克人放下猎枪，走出大山，搬迁到新敖鲁古雅乡的时候，有一位老人却深深眷恋大山，坚守在大兴安岭，坚守着祖先传承下来的生活方式，她就是被外界称为“中国最后的女酋长”的玛利亚·索。2010年8月，为了进京支持原生态歌舞剧《敖鲁古雅》的全国首演，年过九旬的玛利亚·索办理了人生中的第一张身份证。演出结束时，老人手里牵着一头驯鹿走上舞台，深情地给大家唱了一首鄂温克族民歌。观众倾听到了来自遥远而古老的森林里的动人故事，体味到这个仅剩两百余人的小部落的顽强生命力。《敖鲁古雅》舞台剧是“吉祥三宝”团队挖掘整理民族文化遗产的宝贵成果，其中的很多曲目都是由玛利亚·索亲自演唱，凝结着老人对生命和生活的理解，也是原汁原味的鄂温克传统民歌精华。

《敖鲁古雅》在京连演四场，场场爆满，电视转播后，青岛、广州、深圳等地纷纷邀请剧组前去演出。从那时起，玛利亚·索就牵着她那头驯鹿南征北战，2011 年 3 月 6 日，亿万观众通过湖南卫视《快乐大本营》节目，目睹了“最后的女酋长”，了解到了鄂温克“使鹿部落”的传统文化。做客湖南卫视《快乐大本营》时，老人还不远万里带去了驯鹿，让全国观众领略了“森林之舟”的风采。

狩猎部落“最后的女酋长”：玛利亚·索

（王卫平摄）

苍莽浩瀚的大兴安岭记载着玛利亚·索老人那充满艰辛苦难，同时也充满幸福快乐的人生历程。在敖鲁古雅鄂温克民族乡，大家都知道这个德高望重的老太太就出生在大兴安岭的原始森林里。玛利亚·索看上去只是一个衣着朴素、不善言谈、脸上写满了沧桑的平凡老人。她是敖鲁古雅几位不会说汉语的老人之一，话语不多，长相和一身装扮会让外人误以为她是个俄罗斯老大妈，脸上也没有人们印象中“酋长”的威严，更多的是一个年长者的慈祥和岁月的沧桑。做针线和烤列巴都是她的绝活，帐篷中烤制的喷香、焦黄的发面饼类食品，里面加了驯鹿奶和白糖，吃起来甘甜香脆。驯鹿是陪伴玛利亚·索从小到大的最忠实伙伴。小时候，她被妈妈放在桦树皮做成的筐子里，让驯鹿驮着来回搬家。大一点，她开始跟在驯鹿和猎狗后面在森林里奔跑，脚下是松软的泥土和森林里各种草木的清香。那时候，她家里只有一头驯鹿，待到她出嫁时，已经有了十几头驯鹿，她的嫁妆据说就是6头驯鹿。玛利亚·索最清楚驯鹿的习性，驯鹿什么时候应该在什么地方她很了解，猎民们按照她的吩咐去寻找放养的驯鹿，一找一个准。

玛利亚·索的地位与权威，不仅因为她的年长，也来自于她以往的经历。她的父亲是奇乾部落的酋长，属于鄂温克的著名家族索罗共氏。玛利亚·索能歌善舞，深得父母的宠爱，从小练就了打猎的好本领。大哥昆德伊万是玛利亚·索的偶像，他不仅是族里优秀的猎手，还会说日语、俄语和汉语，是使鹿鄂温克人中的代表性精英人物，曾带领猎民英勇抗击过日本侵略者。大哥也是新中国成立后，使鹿鄂温克人中第一个培养起来的国家干部。

日本人被赶走后没多久，玛利亚·索与激流河部落卡尔他昆家族的拉吉米结婚。新婚不久，丈夫所在部落的人就见识了玛利亚·索出众的品德和非凡的才能。丈夫去世后，她不仅承担起家族的重担，还把原来拉吉米在族里的威信和责任承担起来。玛利亚·索一生很勤俭、细心，保留了很多民族特有的传统财富，其中包括狩猎所获得的野生动物标本和祖辈遗留的工艺器皿。她还能用鹿皮线做一些皮制的手套、小挎兜、首饰包等实用品和工艺品。

2003年的夏天，被称为“中国最后狩猎部落”的鄂温克猎民放下猎枪，走出山林，整体搬迁到根河市郊的新敖鲁古雅鄂温克民族乡。当地政府为鄂温克人建起了新居，房子由芬兰贝利集团设计，木制结构的小楼，幽雅别致，冬暖夏凉。但山林中生活了一辈子的玛利亚·索舍不得山林中那群驯鹿，更钟情于山林中那古朴、宁静的生活。这次生态移民引起了国内外媒体的广泛关注，玛利亚·索老人也成为各级媒体和学者们竞相采访的热点人物。

从20世纪60年代开始，绝大多数鄂温克人搬进了建在大山外的猎民新村，但玛利亚·索一直拒绝。在她的世界里，茫茫的原始森林才是鄂温克人的归属，山里的许多人和事都永久地印在了她的记忆里，是她活着的财富。“山林是我的家，是驯鹿的家”。也许在她看来，今生自己就是要终老于山林。在禁止打猎之前，玛利亚·索一家居住在茫茫如海的大兴安岭中以“撮罗子”为家，饲养驯鹿，靠打猎为生，生活简单纯朴。这些年禁止打猎了，随着驯鹿食用的苔藓越来越少，搬家也越来越频繁。

倒是玛丽亚·索的鹿群已从开始的10多头，增至现在的300多头，这几乎占了整个使鹿鄂温克人鹿群数量的大部分。驯鹿一身是宝，鹿茸、鹿皮、鹿鞭、鹿肉、鹿血等样样市价不菲，都有可用之途。如果按照每头鹿5000～8000元计算，玛丽亚·索是个名副其实的百万富婆。但这徒有虚名的价格显然远远比不上自己的“伙伴”重要，玛利亚·索过着最简单质朴的生活，很少宰杀驯鹿，除非其天寿将尽。随着使鹿鄂温克人融入现代社会的步伐不断加快，年青一代渐渐在遗忘传统，这也是让老人深感焦虑和痛惜的地方。玛利亚·索总是坐在那张用树桩支起来的木板床上，戴着蓝色的头巾和老花镜，中间是座铁皮火炉，干枯的棒柴总在熊熊地燃烧着。每当一种长着蓝色羽毛的小鸟突然飞进帐篷，从地上衔一颗瓜子飞走的时候，玛利亚·索的脸上就会划过一丝孩子般的天真笑容。此情此景令人为之动容。

第二章

鄂温克之家

早在17世纪末，鄂温克族已处于由原始社会末期向阶级社会过渡的阶段。新中国成立前，鄂温克牧区以小家庭为主体，组成了“尼莫尔”的游牧小集团；从事农业和半农半猎的鄂温克族地区早已进入封建社会；居住在额尔古纳河畔的使鹿鄂温克人尚处于原始社会末期父系家族公社阶段，生活在原始森林中，漂泊不定，过着共同狩猎、平均分配的生活。

第一节　与山水相伴的部落

身为山林民族，鄂温克族的生活离不开山，更离不开水，各部落与河流相伴相随，紧密相依。

一、氏族“哈拉”与大家族“毛哄”

鄂温克族传统的社会结构由“哈拉”、“毛哄”和“尼莫尔”等不同层次组成。“哈拉”（hala），鄂温克语，意为“姓”、“氏族”。“哈拉”是同一祖先的后代，即父系氏族。根据20世纪50年代的鄂温克族社

会历史调查，清末鄂温克族共分为14个大部落，他们居住在河流两岸，因此，部落多以河流名来命名。例如，居住在雅鲁河的鄂温克人叫作“雅鲁千”，意即居住在雅鲁河的人。阿伦河、格尼河、诺敏河、莫和尔图、特尼河、贝尔茨河、金河等流域都有鄂温克人的部落。每个部落都由两个以上的“哈拉”（氏族）组成，实行氏族外婚制，氏族内部严禁通婚。

鄂温克族和达斡尔族有同一“哈拉”，如乌力斯（武、吴）、敖拉（敖）、何音（何）等。鄂温克族和鄂伦春族也有同一姓氏，如柯勒特依尔（何）、巴依格尔（白）、哈哈尔（韩、哈）等。姓氏相同，说明这几个民族历史上都曾在黑龙江流域狩猎、捕鱼、游牧、农耕，世代生息，亲密相处，俗称“乌邪列”（叔伯兄弟之意）、“塔拉列”（表兄弟之意），有一定的亲属血缘关系。

“毛哄”（大家族）是由同一“哈拉”祖先的后代组成的血缘组织，是“哈拉”的支系。“毛哄”包括若干小家庭，同一“毛哄”的人们以村落为单位居住，或居住在相邻的猎场、牧场，是统一的社会经济整体。父权制“毛哄”家族公社，虽然以一夫一妻制的小家庭为财产占有单位，但它仍然起着一定的经济作用。它一方面是建立在公社共同占有土地、森林、猎场、牧场以及河流的公有制的基础上，另一方面又是个体家庭占有牲畜和奴隶。“毛哄”家族公社的主要特点是公社生活和以私有财产为基础的家庭奴隶同时并存。

每个部落和氏族都有酋长，酋长是由部落和氏族成员共同选举出来的。氏族长有权召集各家族公社在指定地点开会，家族内发生纠纷，由氏族长把纠纷双方找到一起，问清原委，判断是非。氏族长基本由各家族公社头人轮流担任，但年限没有规定，如果氏族长办事不公正，可以罢免。每个氏族都有氏族长和宗教巫师萨满，每个氏族的祖先神也不同。除祖先神之外，还有氏族的图腾，每个人都知道自己氏族的图腾是什么。如莫尔格河的鄂温克人把图腾叫作“嘎勒布勒”，即“肋骨”之意。本氏族的成员必须尊重自己的图腾，不能打骂、恫吓本氏族的图腾，更不能杀害它。

陈巴尔虎旗的莫尔格河鄂温克人，共有15个氏族。额尔古纳河的鄂温克人原是一个大部落，包括布利托天、卡尔他昆、索罗共、给力克4个大氏族。索伦鄂温克人共有12个部落，辉千是鄂温克人最大的部落，指的是由雅鲁河迁往呼伦贝尔地区的鄂温克人。索伦鄂温克人有3个比较大的氏族，即杜拉尔、涂克冬、那哈他。氏族的名字都有一定的含义，如“杜拉尔”是“在河旁居住的人”，“涂克冬”是“在秃山底下住的人”，“那哈他”是“在山南坡住的人”。每个“哈拉”下又分若干个“毛哄”（大家族），祖先如果是四个儿子，就分为四个“毛哄”。

从经济上看，“毛哄”是鄂温克人进行集体狩猎生产的单位。一个或几个“毛哄”的人联合起来进行围猎活动，他们以弓箭、飞绳套为工具，骑马围猎。围猎分成许多小组，围猎的规模多则上百人，少则几十人。各个猎组联合起来选举一个总的围猎首领“阿围达”，共同有组织地进行围猎，猎物实行平均分配的制度。在畜牧业和农业的经营上也以原始互助关系为基础，依据“毛哄”的血缘关系，各小家庭联合起来共同耕种小块土地，收获物由“毛哄”各户平均分配。牲畜的放牧也是合群在一起，共同过夏营地放牧生活。“毛哄”除在生产上互相支援之外，也有代偿债务和抚养孤儿、老人的义务。

从社会职能上看，“毛哄”是一个完整的自治体，具有共同遵守的社会规范。[①]“毛哄”最高权力由各户老年人组成的“毛哄达西楞”，即“毛哄会议”掌握，解决内部的重大问题，如与同辈人不和、不敬不孝、酗酒打人惹是生非，以及不遵守氏族的规则，同一氏族的青年男

① 《鄂温克族简史》编写组．鄂温克族简史．内蒙古人民出版社，1983：100～102.

女之间发生不正常的性关系等。“毛哄达”都有权召集本“毛哄”的成员开会处理。如果与外氏族发生矛盾，则交由佐领处理。“毛哄达”主要通过劝说来教育“毛哄”内部犯错误的成员，当有的成员屡教不改时，在氏族的“敖包会”上，与会的老人将犯错误的人及家属都请到。在会上说“衣有领，一家有长”等话，并征求老年人的意见，如果老人们说：“我们的人不应该作出这样坏事，要狠狠地打！”于是“毛哄达”就要打犯错的人。打人是“毛哄达”的最高权力，但不得超过二十五板子，错误严重的则将其从族谱中除名。

同一“毛哄”内有纠纷，绝对不外传，因为“头破破在帽子里”，“腿断断在裤子里”，都是族内问题。一般被开除出“毛哄”的人，可以申请参加其他“毛哄”。如“毛哄”内有杀人情况发生，有两种处理办法：严重者，“毛哄”成员举行会议，把凶手在河边处死；如果是误杀，则由“毛哄”作出决定，由罪人用两头好牛作为命价，供死者家庭享有。“毛哄”内男人死后，如无儿子，其财产由“毛哄”内的近亲继承。

明末清初，“哈拉”仍作为管理本氏族成员的社会组织形式，鄂温克人仍旧过着大家族的生活。17 世纪鄂温克族的大迁徙就是在部落酋长或氏族长的带领下进行的。清朝初年，鄂温克族处于父系氏族社会末期向阶级社会过渡的状态，清朝政府通过八旗制度在政治、经济方面的影响，使鄂温克族的氏族制度加速解体，传统社会组织日益纳入主流社会体系中，氏族贵族日益掌握了较多财富，社会贫富分化日益尖锐。

新中国成立前，鄂温克族的氏族名称发生了一些变化，逐渐与汉族相仿，这与民国以来报户口有关。靠山区和农业区的鄂温克人，姓与名连在一起，与汉名相近，这是受汉族影响的结果；而牧区的鄂温克人由于多起蒙古名字，姓和名不相连，从名上看不出姓什么。随着社会经济的发展，“哈拉”与“毛哄”的社会功能在逐渐退化。

二、尼莫尔的变迁

20 世纪 50 年代以前，牧区鄂温克人的社会经济单位是以小家庭为主，牲畜属于小家庭私有，各小家庭的牲畜都有不同的烙印和剪耳标记。但是，在牧业经济生活中，一些有血缘关系的小家庭由于生产上互助合作的需要，组成了“尼莫尔”关系。早期这种“尼莫尔”是牧区鄂温克人以血缘关系为纽带组成的游牧生产生活单位，它是氏族社会残留下来的生产组织形式，成员属同一氏族，没有剥削关系。一个“尼莫尔”多则十多户，少则三四户，结合的时间有长有短。

由于个体的小生产经济以及控制自然的能力相对软弱，鄂温克人经受不住疾病、风雪、旱涝等自然灾害的侵袭，不得不在较大程度上依赖自然界。在游牧搬家时或拉柴、草时，“尼莫尔”内各户的牛、车集中起来，共同使用。互相照看和保护牲畜，甚至在饮食上也不严分彼此，缺乏劳动力的牧户也可得到照顾。在种植少量土地时，由大家共同出力，合伙耕作，收获物大家共同享用。在婚丧大事或遇天灾人祸意外困难时，大家竭力帮助。通常一个“毛哄”是由许多个“尼莫尔”放牧小集团构成，一个大家族的“尼莫尔”住在相邻近的牧场，他们之间的经济联系也较密切。

清朝统治者通过八旗制在政治、经济方面的影响，促使鄂温克社会加速向封建社会转化，在清末时期已经逐渐进入了宗法封建社会。由于封建关系的发展，“尼莫尔”内宗法形式的互助关系已完全被封建剥削关系所代替。到新中国成立前，“尼莫尔”实际上已变成了一个建立在封建依附关系基础上的社会生产组织，一般由一户封建牧主和若干贫苦牧民共同组成，牧主与牧民占有牲畜的数量相差悬殊。牧场形式上是“尼莫尔”占有，实际上已产生了封建剥削。除宗法形式的习惯占有牧场外，官僚封建主还利用政治权势，对牧场进行封建占有。

熟皮子 （包路芳摄）

“尼莫尔”内的贫困牧户，由于缺乏生产资料和生活资料，经济上不得不依附于封建主，如借马、借车、借乳牛挤奶吃，遇到其他困难时，就向封建主借贷。封建主对贫困牧户进行各种劳役剥削，在“互相帮助”的名义下，让贫户做各种劳役，如拉羊草、搭棚、盖圈、起羊圈雪、割地、熟皮子、挤奶、缝衣、制毡子、给牲畜剪鬃、割势、烙印等工作。这一切劳动只给饭吃没有报酬，有时也给些破皮衣、旧靴子、碎肉之类的东西。特别是“尼莫尔”内贫困或孤寡幼弱的人家，因经济不能独立，只好依附于有亲戚关系的富户家，做各种劳役而没有任何报酬，只获得很粗劣的吃穿，这种人名义上是亲戚，实际上是杂工。

劳役偿还的形式逐渐发展成明确的雇佣关系，雇佣劳动一般不超过自己劳动力的一半，雇工一般是“尼莫尔”以外的人，工资形式大多以牲畜或钱计算。但不论哪种工资，数量都很少，一般每月为一只羊。牧工没有任何社会地位，常常受到牧主和富裕户的打骂和虐待，过着牛马般的生活。[①]

三、主持公道的“新玛玛楞”

使鹿鄂温克人的氏族社会阶段经历了很长的发展时期。据史料记载，他们的氏族制度大约开始于公元前 2000 年的铜石并用时代至夏商时期，经历了母系氏族社会的全盛时期。在 17 世纪以后，母系氏族社会逐渐被父权制所取代，氏族公社的组织也开始逐渐瓦解，从全盛时期慢慢转向衰落，但直到近代以前，一直延续着这种氏族制度。[②] 长期的游猎生活使使鹿鄂温克人一直从事着丰歉不定、极不稳定的生产生活方式，这一社会经济特点决定了使鹿鄂温克人的意识形态。在他们之间从未产生过剥削和阶级压迫，因此一直保持着原始社会的生产生活方式，直到 1945 年仍停留在原始社会末期的父系家庭公社解体阶段。

使鹿鄂温克人的社会组织，是氏族“奥毛克”下面的“乌力楞”，它是一个以血缘为纽带的生产组织，也就是一个有血缘关系的大家族。“乌力楞”在生产上起着决定性作用，一个“乌力楞”的人都是一个“奥毛克”的人，即一个氏族的人。每个氏族都有若干个“乌力楞”，如布利拖天氏族曾有两个“乌力楞”，索罗共氏族曾有四个“乌力楞”，固德林氏族曾有一个“乌力楞”等。每个“乌力楞”都占有一条小河，所属的氏族是在一条大河游猎，氏族的各“乌力楞”就在大河的各个支流之间。“乌力楞”是一个独立的单位，都有自己的名字，占有一定的猎场或游动路线。例如，卡尔他昆氏族的一个“乌力楞”（6 户），长

---

① 内蒙古自治区编辑组．鄂温克族社会历史调查．内蒙古人民出版社，1986：422～424.

② 董联声．中国最后的狩猎部落．内蒙古人民出版社，2007：161～162.

期在贝尔茨河的支流猛辉河流域打猎，被称作“猛辉千”；结力克夫氏族的一个“乌力楞”（5户），曾长期在贝尔茨河的支流金河流域打猎，被称作“金千”。

这些都说明，“乌力楞”这个组织，它是独立的而且是有血缘关系的，占有自己的一定区域，并且都被叫作什么河的人。[①] 在“乌力楞”组织中，包括一个父亲的若干代子孙，这个“乌力楞”由外氏族娶来的女人，以及儿女亲家等组成的，都是有血缘关系的人们。大家一起组织生活，一起劳动，猎获物和工具大家共有，以户为单位平均分配食品。大家还要负责照顾有病的人、没有劳动能力的人和无人供养的老人。每一个氏族的成员分别组织为几个家庭公社，人数多寡不一，所组成的“乌力楞”的个数也不尽相同。

一个氏族“乌力楞”的数和一个氏族祖先的儿子数是一致的，都是一个人的子孙为一个“乌力楞”。一个“乌力楞”最多十几个“撮罗子”，少的五六个“撮罗子”不等，要看人数多少。“乌力楞”的族长，鄂温克语称为“新玛玛楞”，就是“公道人、正确者”之意。他是“乌力楞”中最有权威的老年人，是由“乌力楞”的成员选举产生，大家都尊敬和信仰他。在习惯上，“新玛玛楞”三年重选一次，由“乌力楞”的老年人轮流担任。“新玛玛楞”是一个生产经验丰富、勇敢能干、有魄力、能说会道的打猎能手，负责管理“乌力楞”内部的生产与生活，也是生产的参与者和指挥者。每年5月由氏族长召集各“乌力楞”的“新玛玛楞”开会，在会上，各“乌力楞”的“新玛玛楞”向氏族长“基那斯”汇报自己“乌力楞”的打猎情况及下次准备在哪个地方打猎。猎区的划分不是绝对的，必要时各“乌力楞”间可以商量调解。1957年，当吕光天等老一辈民族学家在使鹿鄂温克人居住区调查时，只有4个“乌力楞”，即4个猎区。政府在这基础上，组成了

① 内蒙古自治区编辑组．鄂温克族社会历史调查．内蒙古人民出版社，1986：164.

4个森林防火小组，“乌力楞”的猎区也就是各自的防火区。

一般内部的事情都是通过“乌力楞”会议决定，参加会议的人主要是各户的老年人，胡子越长越有权威，不分男女，成年人也参加。老年人以自己的经验说服教育青年人，批评犯错误的成员“多么丢脸啊，没有羞耻”等。一般犯错误的人比较重视老年人的话，不服从“新玛玛楞”的人，大家批评，重了就交给氏族长“基那斯”处理。如果当选的“新玛玛楞”不守规矩，生活散漫，“乌力楞”的成员就可以召开“乌力楞”会议批评他，甚至重新选举新的“新玛玛楞”。

在使鹿鄂温克人中，比“乌力楞”再小的家庭单位是被称为“仙人柱”① 的个体小家庭，由一夫一妻及其子女组成。一个“仙人柱”就是一个“撮罗子”，也就是一个小家庭。在家庭里就实行家长制，一家子的事由父亲说了算，父亲是一家之长，父亲死后就由长子来接替管理家庭的事情。女儿一般要嫁到外面去，跟别的氏族的人组成新的“仙人柱”，也就脱离了自己原来的家族和氏族。儿子则是结婚后，在父母的“撮罗子”旁边搭建“撮罗子”，再成立一个新的“仙人柱”，也就是自己的小家庭。

20世纪初期以后，在使鹿鄂温克人中，生产工具的引入和改进促进了生产力的提高，剩余产品的出现促使了商品交换的发展，从而进一步打破了猎民长期与外界隔绝的局面。随着生产力和生产关系的进一步发展，“乌力楞”这种以血缘关系为纽带组成的家庭社会，已经呈现出向非血缘性、地缘性发展的变化趋势。② 这种变化趋势应该与实行族外婚的婚姻制度有一定的关系。因为族外婚使氏族的血统关系越来越复杂，从而出现了不同氏族的家庭成员组成一个“乌力楞”的局面。

---

① 仙人柱，意为“遮挡阳光的住所”。“柱”意为“房屋”或“家”，是用小杆搭的房子之意，也叫“撮罗子”。

② 秋浦．鄂温克人的原始社会形态．中华书局，1962：62.

撮罗子　（王卫平摄）

“乌力楞”会议的减少、“新玛玛楞”权力的缩小，都表明了家庭内共同经济联系的重要性已经在慢慢失去，单个小家庭的地位随着生产力的发展而越来越重要。此后，随着社会的发展，使鹿鄂温克人从原始社会一步迈入社会主义社会。

第二节　山林草原上的人家

茂密的森林、辽阔的草原是鄂温克族世代生息繁衍的地方，在这样的自然环境下，形成了鄂温克族独特的婚姻和家庭文化。

一、“仙人柱”里话春秋

使鹿鄂温克人一直游猎在深山密林中，世代追随驯鹿过着频繁迁移的游猎生活。没有固定的住所，夏秋在一处最多住20天，冬春住两三天就搬家。搬家总是沿着一个固定的路线，每一年走一个来回，所以有冬季、夏季、春秋季猎民点之分。他们选择住居的条件是周围有群山环抱，有小河、平地、山林，冬有山林挡风，夏季凉爽，附近有丰富的驯鹿饲料苔鲜，不远处有适当出猎的猎区，对生产生活有利。因此适应这种生产生活方式和自然地理条件的住所，只能是一种可拆卸、搬迁，并且可以在新的营地重新搭建起来的帐篷，鄂温克语中叫“仙人柱”。

“仙人柱”为圆形尖顶，用25～40根落叶松杆搭起来，高约3米，直径4米左右，是扇形的窝棚。尖端处留有小孔，成了自然的烟筒，里面拢起火可以煮肉、做饭、取暖，铺有兽皮可席地而坐或睡觉。“仙人柱”有大小之分，较小的能睡4～5人，较大的可睡7～8人。早期，“仙人柱”的主要材料是松树皮、桦树皮或动物的毛皮，随着与外界的接触逐渐增多，近些年开始用遮风避雨的帆布来围盖。“仙人柱”向阳方向开门，门帘则是覆盖物的横向延长，白天掀起来，夜晚放下。

过去，猎人在“仙人柱”内不可以随便入坐或走动，其家族成员席位有严格的规定，任何人不得违反。一般来讲，进门的右侧由家长占用，幼童和父母在一起，到一定年龄后即移到左侧。进门的左侧为超过一定年龄的子女使用，一般为成年女子的席位。“仙人柱”的中间是火位，火位与“玛鲁”位之间为男子席位，一般女子不得进入。门的正面位置称为“玛鲁”位，是用来放神像的地方，也是“仙人柱”内最尊贵的席位，由男性家族长或年长者落座，妇女不得靠近。若主妇和未满15岁的女孩子有事到“玛鲁”附近，须取同一路线回来，即由哪里去，就从哪里回来。无论何时，女人不能到男人的位置上，不属于这个家族的妇女不允许横跨“仙人柱”中心与“玛鲁”位置的平行线，所以她们只能够在“仙人柱”的左侧扇形部分内行动坐卧。在宾客访问时，根据与家长关系把他们让到相应的席位，男宾客往往占用“玛鲁”位。如今，帐篷内的席位规定已没有过去那么严格。

在“仙人柱”内部的火位生火做饭或挂炉烧水时，忌讳锅或壶挂不稳而左右前后摇动。在“仙人柱”内，不能从火上跨过，哪怕是熄灭了的火，也不能坐在“仙人柱”的门口。“仙人柱”虽然可以在各处任意掀开，但只能从门出入，而不能从其他掀开的地方过。妇女不能坐猎人用的东西，如果坐了，猎人就打不着猎物了。同时男人不能枕也不能用妇女的衣物，认为那样会打不到猎物。妇女临产，不能在供有“玛鲁”的房子中，要另搭“仙人柱”作为产房。产房的标志是立杆要长出屋顶，使人一看就知。此外，在搬家时，有专驮“玛鲁”神的驯鹿王，不能驮运别的东西。妇女不能牵这只鹿，也不许妇女接近这只驯鹿上的鞍子、铃铛等用具。

“仙人柱”通常建在靠近水源的地方，一座猎民点有两三个到五六个。“仙人柱”必须一字排开，不允许围成圆圈或其他形式，这是使鹿鄂温克人的传统。由于“仙人柱”的支架比较笨重，加之在林中容易获得和制作，因此搬家时通常弃置不用，而只把遮盖物带走。由于迁移通常沿着固定的往返路线，春天住过的地方，秋季可能又回到这里，因此原来弃置不用的支架又可以重新派上用场。为了指示他们搬走的方向，一般在山林去路的两旁树上砍口为记号，两旁有砍口树的中间，就是所采取的迁移路线。另有一种指示方向和距离的方法是，在附近的大松树上，把树皮砍一缺口，用柳条做一圈子，系在一根杆上，挟在树的砍口里，圈表示去的方向，圈与树干的间隔，表示搬走的距离。这样后来的人们就知道朝哪儿去了，走出多远，这种记号叫“苏嘎拉”。频繁游动的原因是，夏季住一处日久，会被狼发现这里有驯鹿，附近的苔藓被驯鹿吃光，鹿去较远处寻食，容易受到狼害。加之周围人畜的粪便多了，气味不好。冬季因猎取灰鼠，一座山两三天就被打光，需要前进一步，住到接近灰鼠多的地方。所以他们搬去的方向是从夏季的猎场逐渐向冬季打灰鼠的猎场移动，到开始打灰鼠期正好挪到那里。

桦树皮制成的生活用具　（包路芳摄）

在使鹿鄂温克人家，男人以打猎为主，兼管捕鱼、修盖“仙人柱”，以及制桦皮船、刀子、鱼网、斧把、摇篮、滑雪板等；妇女主要管理家务、饲养驯鹿、采集野果、熟皮子、缝制衣服、靴鞋，以及用驯鹿驮运猎物、挑水、做饭、用桦皮做器皿、晒肉干等。搬家时一般是男人先到新地方搭好“仙人柱”架子，其他活儿都由妇女包办。搬家时如若男子出猎不在，他可在出猎途中在约定的地点提前把架子给搭好。本家男子到不了时，“乌力楞”的其他人帮着搭起架子。搬家时，驯鹿是唯一的驮运工具，睡摇篮的婴儿、老人及所有的家具都驮在驯鹿鞍上。以大鹿为首走在前头，其他成列随在后边，走向新目的地，每次搬家距离一般为 6～10 公里。随着经济条件的改善和与外界的沟通交流不断增加，现在的居所也有很多四边形的结构，但建筑所选取的材料、搭建原理和居室内设施都源于“仙人柱”的构建。如今，

基本定居的使鹿鄂温克人在山上放养驯鹿时，大多住在军用帐篷中。

“仙人柱”内的家庭以男人为主，子女属于父亲的氏族，随父姓，不继母姓。家长由父亲担任，如父不在由儿担任。家长是家中有权威的人，他有权处理与决定家中的一切事务，如生产、生活、金钱收入、劳动力分配和衣食之需等。但在买卖土地、牲畜、婚姻、丧葬大事上，都要全家商议。一般对妇女从娘家带来的牲畜和财产，家长无权处理。父亲对儿子的责任是，到12岁后教小孩打猎（灰鼠），给他一支旧枪。儿子学会打猎后，自已再买一支好枪，就成为成年猎人了。分家后的兄弟之间要互给互让。使鹿鄂温克人直到新中国成立前夕，仍处在原始氏族公社末期，以“乌力楞”为狩猎生产的基本单位，过着共同参加狩猎生产、按户平均分配的生活。20世纪50年代初下山定居时，人民政府盖了“木刻楞”房给猎民，后来在奇乾建立了奇乾鄂温克族乡人民政府。1965年9月1日，35户鄂温克猎民在敖鲁古雅河畔安家，开始了定居生活。

二、天然储藏室“靠老宝”

与狩猎的鄂伦春族不同的是，使鹿鄂温克人的“仙人柱”通常被一圈木栅栏圈起，这是防驯鹿用的。驯鹿并不怕人，它们经常到“仙人柱”周围舔食盐碱或寻找食物，如果没有栅栏的隔绝，就会弄坏“仙人柱”。夏季时，驯鹿受不了蚊蛇的叮咬有时会冲进帐篷而倒卧在火堆旁，为此也必须搭建栅栏。一般在鹿圈和帐篷旁放置驯鹿鞍子和驯鹿驮箱的搁物架，搁物架长3～4米、宽0.3米、高1.5米左右，具体搭建方法不拘一格，上面放置物品的平台通常由若干根松木杆并排组成。

使鹿鄂温克人虽无固定住所，却有固定建筑，那就是称为“靠老宝”的仓库。它是架在树桩上或用站杆搭建而成的，以自然树为四柱，高约3米，保证野兽特别是熊上不去的高度为宜，主要是预防棕熊和鼠类的偷食。大小约1.5米×0.7米，锯断树冠后在树桩上用较细些的擦子，搭成木制小房。上盖桦树皮或塑料布遮挡雨雪，可防野兽，又不潮湿，人们蹬梯上下。过去在原始森林里，这样的仓库很多，一般每隔50公里或100公里就有一个，用来存放食品、猎物、衣服、用具等，从不上锁，其他猎人可任意取用，事后如数归还即可。猎民搬迁时并不拆毁仓库，而是留给后来人使用，充分体现了鄂温克人互帮互助的传统习俗。现在的猎民点上，每家每户仍在“撮罗子”或帐篷前面的树上，用小木棍搭建一个简易的小仓库，放置一些粮食、蔬菜或被褥等生活用品，是猎民天然的储藏室。如今，使鹿鄂温克人的日常生活虽然发生了很大变化，但他们始终在寻求适应环境的方式和方法，以求得与自然环境的和谐共生。

三、美丽的草原我的家

1732年，移民实边到呼伦贝尔草原的鄂温克人开始从事畜牧业生产，过着逐水草而居的生活。为了适应游牧生活的需要，他们住在搬迁方便的“鄂温克包”。牧区的家庭以鄂温克包为单位，每个家庭的牲畜都有特殊的标记，羊以剪耳为记，牛、马则以烙印为记号。鄂温克语称包为“乌儒格柱”，它形似蒙古包，包壁是用柳木条做的可展开合拢的木架，叫“罕”。一块“罕”由26～34（双数）根木条组成，立起展开时成网状木格。一个“乌儒格柱”由4～6块“罕”建成，“罕”越多，容量也越大。包顶是直径1～1.3米的天窗，叫“陶嗯”。连接“罕”和天窗的是两米多长的木椽，细头插在天窗边缘的小孔里，另一头带有用皮条制成小圆环套在罕上两木条交叉头上。“罕”与“罕”的衔接处要用皮条系住，把门窗结构与“罕”用牛毛围绳紧扎外，围毡也要用围绳紧扎，毡盖由两块半圆形的毡子合成。

“乌儒格柱”的特色是夏季用柳条或苇子做围子，用苇子做包的顶

盖，这是其他民族所没有的。苇子盖是五层，由下而上铺搭到顶。过去穷人家无论冬夏都住柳条子包，即便冬天包顶也用芦苇簾子覆盖。而富人家住毡房，上下均用毛毡覆盖。柳条子包和苇子包都是穹庐式毡帐，棚顶都是用苇簾子覆盖。不同点在于，柳条子包的壁体围以柳条簾子，苇子包的壁体围以芦苇簾子。在夏天，柳条子包和苇子包不仅通风好，既凉快又挡雨，还可避免蚊虫侵入，在炎热的夏季居住其中非常凉快，深受牧民的喜爱。

夏季的鄂温克包　（斯仁巴图摄）

鄂温克包内面积很小，普通牧民家约 20 平方米。在这个狭小的空间内也遵循定位和定向的原则，无论是东西的摆放还是家人的居住都有较为固定的位置。包内中间是火堆和三角架，多用铁炉子和铁皮子制成烟囱，冬季定居的包内，也用砖搭炉灶和小型火墙。包的北面有箱柜，上供有祖先神和牲畜之神。牧区鄂温克族信奉萨满教和喇嘛教，二者所信奉的许多神灵在居室中也占有一定的位置和空间。喇嘛神像摆在西北面的柜子上，萨满神偶都挂在老人铺位后面的“罕”上。平时喝酒、吃饭的时候都要敬神，每到年节的时候，鄂温克族还要对各个神灵举行祭祀活动，这种祭祀活动也是在家庭的范围之内进行的。祭祀时在“罕”上边系上绳子，绳子上系个木板，放上碗，里面放上供品，由老人带领全家老小祭拜各个神灵。

鄂温克包内室内陈设比较简单，家具和家什主要有火撑子（或火炉）、箱柜、橱柜、奶桶、小桌等，其特点是少而小，这是适应游牧生活而制作的家具。鄂温克包内的居住禁忌很多，如小孩不能坐在门槛上面，认为坐在上面的小孩会不长个儿；产房禁止外人进入，尤其是带枪、钥匙和马鞭的人绝对不能进产房，这些人进产房会把产妇的奶带走；对于那些不生育或者以前生的孩子没留住的家庭，为了保护孩子，绝对禁止外人进入产房。孩子多的家庭则一般不在乎谁进谁出。

家庭成员根据辈分居住在室内的东西北三个方位上。火位以北为最上位，是长辈夫妇的床铺；火位西侧是未婚男子的铺位，女人不能住在火位西面；东面和东南面是晚辈夫妇的床位。人多的时候在地面上也可以铺地板或牛皮褥子席地而卧。一个鄂温克包最多只能住七八口人、三对夫妇。超过三对夫妇以后就要分家，因为人多一起生活不便或是儿子之间容易产生不合。分家是在父亲同意的前提下进行的，否则牲畜再多也不能分家。父亲按儿子人数，将牲畜、家具、生产工具和衣物等财产，以分户数多少，分成相应的等份，让儿子各自独立为家。但也有只分居而不分财产的，财产由家长掌握，牲畜经营、劳动分配、衣食之需和日常开支，都由家长负责，到一定时候再分。分出去的子女在家的东面另建一座包居住，若是牲畜多了以后分出去的子女可以到另外一个地方放牧。老人会说：“牲畜给你了，愿意到哪儿就到哪儿去吧!”一般幼子和父母同居，因为主包的火是由老人点燃的，幼子要继承主包的火，自己的一份财产交由小儿子经营。也有跟比较弱的儿子过的，因为较弱的儿子不立世，需要有老人在身边扶持

一把。

鄂温克人如无子嗣，通常会领养别人的孩子，一般过继兄弟之子。若是妇女，也可过继姐妹的儿子，但他的姓氏不变，可与其女儿结婚。如果收养子后自己又生了孩子，养子和亲生子平分财产，也有给养子1/3财产的。个人财产的继承，一般可以给儿子、侄子和赘婿。本人活着时如果说清给谁，家族就不干涉。如没有明确表示，死后个人的东西由家族处理，没有妻儿的，可给埋葬和照顾他的人。

建在西面的鄂温克包是上位，因此新建的包要在主包东侧。通常萨满的包设在最西边，并且禁止人们接近装法衣、法器的篷车。鄂温克包的周围除了牛圈、羊圈外，每家都有几个库车，叫“舌呼”。库车是长方形小库房，带半圆形蓬顶，外覆盖毛毡或铁皮，开有小门，存放换季服装、生活用品和食物。另外，每家都有一辆篷车，在勒勒车上固定一米多高，是半圆形蓬顶的木架，覆以桦树皮或毡子。鄂温克族妇女到别人家做客时往往乘坐篷车。每家还要有一辆水车，上面固定能装几百斤水的大木桶或铁制水桶，以便从河边拉取食用和生活用水。每家还有一辆带有高两尺多长方形木柜的粪车，用于清理圈里的牛粪，拾燃用的牛粪或羊粪。每家通常还有几辆勒勒车，用于搬家时装拆下的“乌儒格柱”和羊圈的围栏。

牧区的男人一般负责放牧牲畜、打羊草、驯服烈马和牛，还要屠宰牛羊、制车、搭棚盖圈、扫除冬管地的积雪，以及选择冬季牧场、拆搭鄂温克包、制毡、服公役等；女人则养育子女、操持家务、缝制东西、挤奶，以及制作奶制品、熟皮、捡牛粪、剪羊毛，冬天还要饲养瘦弱牲畜。老年男子可以放羊、修理车和鄂温克包，做马具、捡牛粪、喂饮牲畜等；老年妇女可以照看小孩、搓线绳、补衣服等。儿童帮助看管小牛犊、运牛粪、拉水，傍晚再赶回乳牛。儿童不会骑马前听母亲指使，会骑马之后听父亲指使。

鄂温克族是一个好客的民族，传统谚语讲道："外来的人不会背着自己的房子，你出去同样不能背走你的家。如果不招待外来的客人，你出门也没人照顾你。"老人来时年轻人要出去迎接，骑马来的要帮忙把马给拴上。坐勒勒车来的要为老人卸下马，跑在前面把房门打开，请老人进屋。鄂温克族长幼之间恪守严格的礼节，长辈和老年人享有很高的威望。老人进屋以后，晚辈要给老人敬茶、敬烟。老人进屋的时候，年轻人必须站在那里，等老人坐好，递完烟酒以后年轻人才能落座。主人要用羊肉汤、面条汤招待老人，要熬新奶茶给老人喝，不能用旧奶茶招待老人。若来客是小辈，则不须迎接。进屋以后按照辈分和性别坐在不同的位置上，男客人坐西面，女客人坐东面，来客若是老人可以坐北面。夜里住宿，将西面铺位腾出来供男客人住，东面的铺位腾出来供女客人居住。若是自家包住不下，家里人可到邻居家借宿，但不能让客人出去借宿，通常情况到别家借宿的都是幼子。

鄂温克儿童　（包路芳摄）

过去，靠近山区的鄂温克族贫困人家住的是矮小、潮湿的"马架子"（土坯盖成的土房）。由于贫困、闭塞和经常游动，他们的日常生活用品非常简陋缺乏。农业区的鄂温克族很早就实现定居了，并建有土木结构的住房。随着社会经济的发展，鄂温克族牧民、猎民都实现

了定居，许多人家建起了砖瓦房，住房内部结构和设施也在发生变化，居住方式越来越现代化。

第三节　隆重而古朴的鄂温克婚礼

鄂温克族实行一夫一妻制和氏族外婚制，婚姻只能在不同氏族之间进行，同一氏族内禁止通婚。不同地区鄂温克人的婚礼方式有所不同，但都有送亲、迎亲、设婚宴、举行歌舞娱乐活动的内容，充满着欢乐、祝福的气氛。

一、驯鹿和灰鼠皮见证的姻缘

使鹿鄂温克人在与大自然浑然合一的生活中，形成了自己独具特色的婚姻习俗。他们严格地实行一夫一妻的氏族外婚制，如果同姓之间婚配，将会受到社会舆论的强烈谴责和反对。

使鹿鄂温克人婚姻比较自由，男女到了15岁就可以结婚。过去，由于不同氏族的人分散在不同猎区游猎，又相距甚远，很少相聚在一起，所以相互间每年都要进行几次探亲访友活动，青年男女利用集会联欢或参加他人婚礼的机会来物色对象。使鹿鄂温克人的婚姻一般包括求亲、订婚、结婚几个阶段。订婚时，要由媒人带一瓶酒到女方家，先说明来意，然后拿出酒来给女方父亲敬酒。女方父亲接受了酒，就可以认为这门亲事基本订成了，反之就没有订成。一般来说，父母没有不同意的，但一开始时先不急于接受敬酒，要等媒人多费口舌，把男方的品德、长相和狩猎技能介绍一番，觉得满意了之后才接受。

在初次定亲的酒宴上，按习惯要把女方“乌力楞”中的所有人请来共享这一幸福，同时商定举办婚礼的合适地点，并由女方父亲决定婚礼日期。订婚后，男方父亲从自己的驯鹿群中，挑选出 10 只驯鹿作为聘礼送给儿媳父母，女方再以嫁妆的形式把驯鹿如数带回男方家，这 10 只驯鹿就成为新建立的小家庭的私有财产。小家庭的生产资料就是个人的驯鹿和枪支，同时，男方家还要赠送女方家灰鼠皮。临近婚期，男方“乌力楞”不管离女方多远，都要迁移到女方“乌力楞”的附近。结婚时，由男方“乌力楞”的人在通向女方“乌力楞”道路两旁的树上做出明显的刀砍标志，以示给新郎打开幸福之路。

结婚这天，男方的父母及其“乌力楞”所有的人都要陪同新郎到新娘家。在前往女方家的路上，男方家的人排成特定队形，由于受东正教的影响，最前头是一位拿着耶稣像的长者，其后是新郎，再后是父母和“乌力楞”的成员，最后是牵驯鹿的人。女方也以同样的队形前来迎接男方接亲队伍。新娘和新郎相遇后，要先和耶稣像接吻，然后新郎新娘互相拥抱接吻。① 双方还互赠礼物，女方赠男方一个叫“阿勒玛勒”的桦树皮盒，这个桦树皮盒呈长方形或圆形，上边镌刻有驯鹿头像，涂有各种颜色，象征吉祥幸福。男方也要送一块手帕或一双手套作为回赠。② 接着新娘从男方家赠送的驯鹿中挑选两头最好的，新郎新娘各牵一头驯鹿按太阳运行的方向绕女方的“仙人柱” 3 周，之后大家走进“仙人柱”，酒宴开始。

天一黑，使鹿鄂温克人就在清理过的河滩谷地上燃起一堆篝火。这时，人们把新郎新娘从“仙人柱”里簇拥到篝火边，并以火为中心围成一个半圆圈。由一位主持婚礼的长者宣布婚礼开始，同时婚礼主持人在两杯桦树皮酒盅里斟满酒，交给新郎新娘泼向篝火，以示对火神的尊敬。接着再次斟酒，新郎新娘向双方父母敬酒。然后新郎新娘

① 内蒙古自治区编辑组．鄂温克族社会历史调查．内蒙古人民出版社，1986：202.
② 孔繁志．敖鲁古雅鄂温克人．天津古籍出版社，1994：123.

互相拥抱接吻，手挽手和所有参加婚礼的人拉成一个圆圈载歌载舞，欢度良宵。这种歌舞被鄂温克人称为“欢乐之火”舞，舞姿雄健有力，时而振臂扭腰，时而尽情欢跳。一人领唱，众人齐和，歌伴舞，舞随歌，大家在歌舞中纵情欢乐。最后新郎留在女方家与新娘共度初夜。第二天早晨，新郎先回自己家，新娘由其“乌力楞”的人送到婆家，并带上新娘的驯鹿群，新娘到新郎家后就算正式嫁给他了。

鄂温克夫妇　（包路芳摄）

使鹿鄂温克人在婚姻结合上，一般是同辈婚配，但过去也曾有过错辈婚配的现象。只要年龄适当，这在习惯上并不受任何限制和非议，尤其是间接的错辈婚配更是如此。过去还曾通行“夫兄弟婚”、“妻姐妹婚”，妻死后可续娶其妹为妻，但不能娶其姐为妻；兄死后可娶嫂，但弟死后兄却不能纳弟媳。寡妇再嫁会受到社会舆论的同情和支持，能为寡妇重新找到一个配偶是值得庆幸的事。

使鹿鄂温克人的入赘有两种形式：一种是长期入赘；另一种是有

限期的入赘。前者主要是由于女方家长年老力衰，没有儿子，又不愿意让仅有的一个女儿离开自己，因此就让女婿住在自己家里。岳父对待女婿如同亲儿子一样，女婿有继承岳父财产的权利。有限期的入赘，多为有儿子但儿子年龄尚小，自己也由于年老或是疾病等原因不能参加生产，所以就希望女婿入赘一个时期。期满时，女婿再领着妻子和孩子离开岳父家，重新建立“仙人柱”，但实际上驯鹿鄂温克人入赘现象并不多见。

驯鹿鄂温克人传统的婚姻习俗，随着社会的发展和生活条件的变化，也发生了很大变化，但仍保留着不少自己固有的特色。现在，定居后的鄂温克青年男女遵循自由恋爱的原则，可以在共同学习、劳动中选择自己的对象。20 世纪 50 年代以后，随着驯鹿鄂温克人下山定居和与其他民族的广泛接触，加之内陆地区的移民不断增多，族外婚家庭开始增多，使异族通婚变得非常普遍。通婚对象有汉族、蒙古族、满族、达斡尔族、俄罗斯族、鄂伦春族和其他鄂温克族，具有通婚对象民族成分多、地域广、人数多的特点。

二、剪刀与弓箭编织的爱情

在牧区，鄂温克人多采用请媒人介绍这种择偶形式，这与鄂温克人居住分散，地广人稀的自然环境有关。媒说亲通常由男方的父母看中了哪家的姑娘后，请媒人到女方家提亲。在说亲过程中媒人是十分重要的中介，媒人的选择必须十分慎重。通常，媒人在亲友中选择，多是男方家族中辈分大、长相端正、能说会道、儿女齐全，又懂求婚规则的中年女性。媒人说亲时带上两瓶酒，打扮整齐前往女方家。到女方家后，向女方家长借酒壶为主人敬酒，敬酒时说：

“据我们老人讲，您家有一个珍贵的金匣子，金匣子内装着一把耀眼的金剪子，还有一位使用这把金剪子的美丽‘乌娜吉’（姑娘）。我

们那儿有一位为皇室所爱，神所宠信，持有白玉剪环，拿着彩色弓箭，能射穿山岩的‘哈嘎’（青年），想娶你们金子般的‘乌娜吉’。”①

女方父母听了之后，若是同意就说：“客人既然这样坚持，我们也没有办法，只好找一只羔羊给你。”过一些日子，男方派人约定订婚日期。

订婚，鄂温克人叫“伯尔格”。这一天，男方选出 5～6 人，从中推举一位懂礼节、能言善辩的人为“图如呼达”，即男方证婚人。男方家带去的礼品十分讲究，必须有一匹马或牛、一只羊、一条哈达、酒若干斤和衣物、糖果等礼品。与使鹿鄂温克人不同，牧区鄂温克人把牛、马、羊作为财富与礼遇的象征。

进屋后，“图如呼达”说：“我们是充军途中的人，想在您家休息一下再走，请求你们把锅借使一下。”女方家的人说：“这么多的人，走这么远的路，怎么会忘了带锅？”男方说：“嘱咐年轻人带锅，而他们竟忘带了，但我们并未忘记带水（指酒）。”女方说：“锅要留下锅底，碗勺也要报酬，你们能承担吗？”这时男方家的人异口同声说：“能承担！”这样，就用男方带来的酒和羊举办订婚宴席。

在订婚后不久，男方根据自己的经济条件向女方送一次彩礼，并在订婚的同时把要送的东西告知女方。为答谢女方父亲抚养姑娘的恩惠，送其一匹骏马；为答谢女方母亲哺育的恩情，送其一头奶牛；为答谢女方哥嫂的关心，送其银元宝或一头大犍牛等礼物。此外，还要摆设隆重的酒席。

鄂温克族的婚礼非常隆重，由男方操办，但是女方家在举行婚礼的前一天晚上，要把女婿请到家，举行“介绍女婿”宴。新郎在一位聪明善辩的青年陪同下，前往女方家赴宴。在女方家的鄂温克包前燃起一堆篝火，篝火旁聚集着迎候新郎的人们。新郎到达女方家后在篝火旁拜见新娘的父母和亲属、朋友，接着与大家一起入宴。娘家的亲

① 乌热尔图编．鄂温克风情．内蒙古文化出版社，1993：121.

属怀着留恋姑娘的心情，唱送姑娘的歌，跳起“努日给勒”，一直到天亮。参加宴会的亲戚给要出嫁的姑娘送礼品和钱财，祝愿她幸福。第二天，女方家族中一位生活美满、子女双全的妇女为新娘分发，戴头饰。姑娘发型的转变，标志着她身份地位的变化和社会角色的转换。

第二天一早，新郎与迎亲队骑着马前往女方家迎亲。送亲时，女方父母不陪同，叔或舅可去一人，新娘的兄妹也可以去。离开前，新娘要向娘家的佛像跪拜，再给每一位尊长跪拜。送亲队伍赶着姑娘出嫁时必带的陪嫁篷车，中午 12 点以前必须赶到男方家。接亲队返回男方家的半路上，会遇到几位长者带着酒和食品迎候。这时，大家都从马背上下来，用酒和食品敬天神和山神，请求它们保佑大家一路顺风、平安。迎亲队和送亲队到达男方家后，婆婆先迎出来给新娘端上一碗牛奶，让新娘喝下，然后领着新娘进屋。送亲的姑娘们围着新娘坐到新人床上，以防别人看到新娘。

通古斯鄂温克族婚俗中还有逃婚的习俗。男女双方订婚后，男方回家告诉父母，男方的父母就准备好床和毯子，搭建起新的鄂温克包，并请一位老太太在里面守着，但女方的父母并不知道。结婚之日，男女双方先约好相会地点，等夜间狗叫时，姑娘就偷偷从家中逃出，到约定地点与男子骑马逃到新搭的鄂温克包内，老太太把姑娘的八根小辫梳成两根妇人的发辫，表示她已经成为少妇。天亮前，男女二人共同到男方父母住的鄂温克包里拜火神和祖先神。同时，男方派两个人到女方的娘家去，这时女方父母发现女儿不见了，又来了两个人，就明白了事情的真相。男方派去的两个人到女方家后，把带去的哈达献在女方家的祖先神前，并叩头，向女方父母斟酒，直到女方父母喝酒表示同意婚事为止。这时在男方家里，所有亲朋好友都来祝贺，坐在新婚夫妇的鄂温克包里。有个专门祝福的老者坐在西边，头上或肩上放一哈达，新婚夫妇先给“舍卧刻”（氏族

神）叩头，这时老者说：

敬拜“舍卧刻”，
祝你们有福气！，
敬拜“舍卧刻”，
祝你们有运气！
叩三次头后回头再拜火神，
拜火神，
祝你们美满幸福！
拜有烟的火神，
祝你们长寿！
拜燃烧的火神，
祝你们运气好！[①]

上述仪式结束以后，大家一起参加婚宴，并举行唱歌跳舞等庆祝活动。在婚礼仪式上，鄂温克人表现出对火神、天神、山神和祖先神的多神崇拜，这是萨满教文化和佛教文化融入其婚姻文化的表现形式。牧区的鄂温克人既信奉萨满教，又信仰佛教，二者共同表现在婚姻仪式的每一个环节中，更是渗透到鄂温克族生产生活的方方面面，成为其民族文化的重要组成部分。

鄂温克族的婚姻习俗中，婚宴是一项重要内容，其中仅敬酒一项便有 24 次。[②] 第 1 盅和第 2 盅酒为接亲礼酒；第 3 盅和第 4 盅酒为敬茶酒；第 5 盅和第 6 盅酒为祭神酒；第 7 盅和第 8 盅酒为喝羊肉汤礼酒；第 9 盅和第 10 盅酒为赠送礼物酒；第 11 盅和第 12 盅酒为全家族

① 内蒙古自治区编辑组．鄂温克族社会历史调查．内蒙古人民出版社，1986：330.
② 乌热尔图主编．鄂温克风情．内蒙古文化出版社，1993：123.

助兴酒；第 13 盅和第 14 盅酒为敬祖神酒，祝酒辞是：

神仙定的吉日里，儿子当婚立家业，祝他们美满吧，兴家发财，儿女成群，畜群兴旺，金银成堆。

第 15 盅和第 16 盅酒，为请求双方长辈广开酒席。婚礼上，青年人早已跃跃欲试，要求席间不分辈分等级唱“扎恩达勒”歌谣或跳传统舞蹈“努日给勒”。鄂温克人礼仪严格，不经老人同意，是不允许随便唱歌跳舞的。喝完礼酒后，妇女们欢快地跳起来，边歌边舞，夸奖新娘的装饰美；第 17 盅和第 18 盅酒为上羊尾酒，敬酒时宣布主食的品种；第 19 盅和第 20 盅酒为送客礼酒，告知女方的贵客们牛半头、活羊一只、宰羊一只，请他们收下作为礼物，客人接受礼物时将活羊放到女婿的羊群；第 21 盅和第 22 盅酒为婚礼结尾酒，男方祝酒辞是：

从鹿鸣时饮的酒，壶中的酒将要喝干，从虎啸时饮的酒，瓶中的酒将要喝空。

女方祝酒辞是：

您家壶中的酒永远喝不尽，像贝尔湖的水一样澎湃，您家瓶中的酒永远不干涸，像伊敏河水一样川流不息。

第 23 盅和第 24 盅酒为“西勒日”（起程）酒，祝酒辞是：

拿起马鞭跨上马，是否能回乡土哟？登上马蹬套上车，

是否能回您的乡土哟？善良仁慈的祖先神哟，保佑我们的生活永远幸福。

喝完酒，送亲的客人们便要起程了。婚宴接近尾声时，男女双方的年轻人纷纷聚集到长者居住的鄂温克包内。这时坐在包内火位北侧的一位长者，将割下的羊耳朵从包顶扔到外面，双方的年轻人便开始一场非常激烈的争夺羊耳朵之战。在鄂温克人的信仰中，火是神圣不可侵犯的，在火位北侧将羊耳朵扔出去将得到火神的保佑。如果羊耳朵被女方的青年夺到，男方的青年们便要奋力夺回。男方的青年们抢到羊耳朵之后，女方的青年们也不甘示弱，他们故意当着男方青年人的面再拿一个银碗，返身上马远行，男方的青年们立即上马追赶。就这样，在平静辽阔的草原上又开始一场精彩的马背争碗游戏，双方你争我护，十分激烈。如果男方的人夺不回银碗，就给拿碗的人敬烟、敬酒，或者表演歌舞。之后双方来到燃烧的篝火前，共同向祖先神和火神敬酒。当客人都离开后，婆婆领着新儿媳转炉台一周，然后新媳妇亲手熬制奶茶，意为敬重老人，也表示从此她就是这家人了。就这样，在辽阔的鄂温克草原上又诞生了一个新家庭，开始了新生活。

在鄂温克族的婚礼上经常要进行“抢银碗”游戏，渐渐地形成了习惯，变成民族的传统礼俗，流传至今。“抢银碗”比赛也成为鄂温克族传统节日“瑟宾节”上的表演项目，因其激烈的拼抢、精湛的骑术，深受观众的喜爱。草原上的鄂温克婚礼繁复热烈，具有浓厚的游牧文化韵味，它继承了古老的传统，既有严格的礼节，也有欢乐的情趣。婚礼多选在夏季举行，此时正是水草丰美、羊肥马壮的季节，是忙碌的牧民在一年之中难得的一种节日和娱乐方式。

鄂温克人的婚礼庆典　（斯仁巴图摄）

三、我的婚姻我做主

牧区鄂温克族过去多由父母包办婚姻。在很小就由父母做主订婚，甚至也有指腹为婚的，早婚现象很普遍，这种婚姻给鄂温克青年男女带来了很大的痛苦。对包办婚姻的反抗和争取婚姻自由的要求时有发生，从一首民歌中便可看出鄂温克妇女对这种包办婚姻的反抗：

父母给的地方，
受尽了各种痛苦，
我怨谁呢？
只有怨父母。
如果我能找到称心的人，
做起活该多有劲啊！
父母决定的婚姻，
我哪儿有心干活呢？

现在的青年男女多自由恋爱，确定了婚姻关系后，再按传统礼仪通过父母长辈走走过场，亲朋好友聚会娱乐，以示庆贺。随着由游牧向定居牧业的转变，很多鄂温克牧民逐渐走出了传统的牧业社会，进入了快节奏、高效率的现代工业社会，这就必然影响到其传统的生产和生活方式。民族文化是同本民族的社会物质生活条件和物质生活过程相适应的，近几年来，经济发展对鄂温克牧民的传统生活习俗产生越来越强大的冲击。在狩猎和游牧经济条件下形成的鄂温克婚礼，一方面保留着固有的传统；另一方面必然要充实一些新内容，以适应新的发展状况。

鄂温克婚礼在保持其传统习俗的基础上，增加了许多富有时代特色的新内容。如地区婚礼上一般有专门的乐队伴奏，并请专人录像，小轿车、吉普车、摩托车、马车等各种交通工具在草原婚礼上随处可见。婚礼前一天由娘家人在苏木文化站举办舞会已经成了一种时尚，舞会办到凌晨两点左右，全乡男女老少都来参加，既跳传统舞蹈也跳现代交际舞。随着牧民生活水平的提高，婚礼也趋向选择现代城市式婚礼，既简单又实际。有些家境比较富裕的牧民一改传统，开始在旗里的大饭店举行婚礼，届时男方家专门租车接送亲朋，也有很多身着民族服装的牧民自己驱车前往。有坐大巴士的、开小轿车的、骑自行车的，还有步行的，构成了马路上一道道独特的风景线。夏季也成了旗里各大饭店生意兴隆的最佳时节，婚礼上的菜肴已与内地婚礼没有大的差别，只不过多了些民族特色菜而已。

牧区地域辽阔，人口稀少，放牧与狩猎活动都需要以一定程度的集体协作方式进行，这对鄂温克牧民的集体观念和互相协作精神的形成有着决定性的影响。鄂温克族是一个尊老爱幼、热情好客的民族，对他人也非常慷慨大方。长期以来，通过结亲，使各社区之间结成密切的亲属亲戚关系，一家有事，众亲相助，是鄂温克族的民风。因婚姻结成的姻亲关系，成为牧民重要的社会关系，同时也结成了互助互惠的网络体系。平时，牧民游牧在千里草原上，之间相距百十里，只有在牧闲时节才比较集中。接羔期结束和开始冬营地生产之前，就成为牧民特定的结婚时间。这样，通过安排婚礼，既能亲友相聚，共同享受亲情和欢乐，参加传统的民族活动，又不影响繁忙季节的生产。鄂温克婚礼古朴热烈的仪式之所以能够延续下来，为后人所鉴赏，是和这种不违牧时的时间安排分不开的。

如今以一对夫妻及其子女组成的核心家庭已经成为鄂温克族家庭结构的主体类型，过去的早婚现象及“小女婿”现象已不复存在。在鄂温克族聚居的苏木、乡、镇，鄂温克族、蒙古族、达斡尔族、汉族相邻而居，社会交往不只局限在本民族范围内，交往面更大，接触面更广，通婚圈范围在不断扩大。鄂温克族与达斡尔族相互通婚的历史较长，也很普遍，互被称为“亲属民族”。随着鄂温克族与蒙古族、达斡尔族、汉族、鄂伦春族等通婚较多，双方取长补短，互通有无，生活内容更加多元，鄂温克婚礼也在一种开放的环境中日渐丰富起来。

第三章

与天鹅一起飞舞

鄂温克族主要分布在我国东北黑龙江省和内蒙古自治区，大部分鄂温克人以放牧为生，其余从事农耕，有极少一部分人饲养驯鹿。不同生产和生活方式下的鄂温克族形成了各自丰富多彩的文化风尚与习俗。

第一节　幸福生活养成记

由于居住地域的不同，从事畜牧业、农业和狩猎的鄂温克人在饮食、服饰、造型艺术等方面形成了各自的风格和特征。

一、膳肉酪浆俱美味

在饮食习俗方面，居住在兴安岭原始森林里的使鹿鄂温克人，过去主要以肉类为日常生活的主食，众多的飞禽走兽，丰富了鄂温克人的饮食生活。猎民吃罕达犴肉（驼鹿）、鹿肉、熊肉、野猪肉、狍子肉、灰鼠肉和飞龙、野鸡、乌鸡、鱼类等。其中罕达犴、鹿、狍子的肝、肾一般都生食，其他部分则要煮食。烹饪方法有煮、烤，主要食品有肉汤、挽米肉粥、做肉干等，还有用白面制作面包、面条等。鱼

类多用来清炖，清炖鱼时只加野葱和盐，讲究原汤原味。很少食用蔬菜，仅仅采集一些野葱，做成咸菜，作为小菜佐餐。使鹿鄂温克人的生活与以驯鹿为依托的经济形式紧密相连。驯鹿可以提供鹿奶、乳酪等美食，每升驯鹿乳可产生2000～2500大卡的热量。猎民习惯用驯鹿奶煮奶茶喝，这成为使鹿鄂温克人的特色饮食。驯鹿奶呈灰白色，浓度大，味道香甜，奶多的时候，把奶存放在桦皮桶里，取上面的浮油吃，还可用面包蘸奶吃。来客人时，要以鹿或犴的胸口肉以及驯鹿奶待客。

吃饭时，全家人围绕火堆席地而坐，在三角架上吊着铁锅，将捕获的驼鹿或其他猎物切成肉块，放入沸滚的锅里涮着吃。涮出的兽肉多挂着缕缕血丝，半生半熟，鄂温克人认为这样吃不仅营养丰富，而且容易吸收。剩余的兽肉晾晒成肉干和肉条，贮存起来慢慢吃。外出狩猎时，把它装在鹿包兜里当干粮。过去在森林中生活，猎民的饮食常常离不开动物的肉。肉的保存除了腌制以外，就是冷藏。在深山密林中，不可能有冰箱等冷藏器，猎民们是怎么保存易变质的食物呢？聪明的猎民有自己天然的“冷藏室”，不用电器，却有着很好的保鲜效果，那就是流水加淤泥。如果有肉类等易变质又想长期保存的食物，猎民会拿到水源处，在饮用水流出的下方，挖开一块淤泥，把食物放进水里，然后再把淤泥盖在上面，还要找短木棍或小石块压在上面，一是防止溢出，二是作为寻找的标记。这样放置的鹿肉等食品，可以在一段较长的时期内保持新鲜不变质。

随着禁猎，猎民已经不能再猎杀和吃兽肉了，主食逐渐被面条、烙饼、馒头等面食代替，蔬菜种类也丰富起来。现在的使鹿鄂温克人中营养价值颇高的美食是“列巴＋浆果”。“列巴”是一种类似于俄罗斯大面包的面食，也是使鹿鄂温克猎民的主食，在外出打猎或者找寻驯鹿时作为路上的干粮。“列巴”的主要原料是小麦粉，发酵物用的是面肥而不是发酵粉，和面用的是新鲜的驯鹿奶而不是水。夏天一般用

4个小时就可以把面粉发酵好，冬天时间会长一些。为了增加口感，现在打“列巴”时会加入鸡蛋或者白糖。“列巴”也是用落叶松或者松木烧出的炭火烤制而成的，刚烤好的“列巴”外焦里软，非常好吃。大兴安岭林中的都柿，学名蓝莓，是一种营养价值极高的野生植物，也是使鹿鄂温克族人最喜欢的水果。在山林中走得时间长了，采一把放在嘴里，有解渴的作用。猎民常常采来与“列巴”一起食用，香甜中略带些酸味，是猎民的美食。每到六七月，猎民还会采集一些都柿，密封在玻璃瓶里，做成都柿酱，然后涂在“列巴”上食用，香香甜甜，口感极佳。

此外，使鹿鄂温克人的传统餐具独具一格。用犴子肚（胃）盛水煮肉，用罕达犴骨做成杯子、筷子，用鹿角做成酒盅，用罕达犴筋缝制的鹿皮作为盛粮口袋，用桦木制成各种碗、碟等。如今，瓷、铝、铁、塑料等制品已广为使用。

牧区的鄂温克族以乳、肉、面为主食，每日三餐均不能离开奶茶。奶茶制作的方法是在烧开茶水后，先滤去茶叶（一般都用砖茶），然后放入少量的炒稷子米和盐，适量地兑入鲜奶，烧开后即成奶茶。饮用时根据个人的口味再加黄油、奶渣等。此外，牧民还饮用面茶、肉茶。面茶即将炒稷子米捣成面经油锅炒后加入奶茶，肉茶即把熟肉切成碎块加入奶茶。也常把鲜奶加工成酸奶和干奶制品，主要奶制品有稀奶油、黄油、奶渣、奶干和奶皮子等十多种，最为常见的吃法是将提取的奶油涂在面包或点心上食用。鄂温克牧人若是早起吃些白糖和奶油搅拌在一起的奶渣子，再喝上几碗香喷喷的奶茶，那么一天不吃饭都没有问题。鄂温克人还有一种新奇的吃法，那就是当奶渣子快要熟的时候，把一种叫稠李子的野果捣成果酱放入奶中，一起搅拌一个小时左右后再取出来，这时就会变成稠李子奶渣，呈现出深紫颜色。稠李子的天然野甜味与醇香的奶渣子合在一起后，发出一阵阵酸甜的香味，食用起来十分开胃，而且具有较强的补铁功能。

鄂温克牧民主食以面食为主，常食用面条、烙饼、油炸果子、馅饼等，有时也食用大米、稷子米和小米，但多用来做成肉粥。鄂温克草原水草优良，这里的牛羊肥壮，畜肉的各种营养成分非常丰富，过去每户每年平均要食用 20 多只羊和两头牛。冬季到来之前是牧民大量宰杀牲畜储存肉类的季节，宰杀后的牛羊肉冷冻晒干储存，食肉的方法有手扒肉、灌血肠、熬肉米粥和烤肉串等。鄂温克人对羊的肉与内脏的吃法有不同的讲究，羊腿、羊胸脯、羊肋条等带骨头的肉用来做手扒肉。手扒肉的做法十分简单，在铁锅内放入清水烧火，待火烧得有些温热时，将准备好的羊肉放入水里，同时加大火力用旺火煮骨头肉。当肉块要熟的时候，往锅内放一些食盐，不放其他调味料，有时候就连食盐也不放，就用清水煮。手扒肉不能煮得太熟，到八九分熟时将肉从锅中捞出，吃时肉的中心还带有星星血丝。鄂温克人认为，带有血丝的手扒肉营养丰富，吃起来也柔软香醇，如果肉煮得过久，就会失去肉香味和营养价值。

洁白的羊群　（包路芳摄）

鄂温克人在吃手扒肉时有很多礼仪。首先，在吃肉之前必须用刀割下一小块肉祭火神，然后大家才能动手吃肉。如果一同进餐中有长者，那么长者要先用刀将羊胸脯上的肉切成若干块分给在座的每人一份。鄂温克人认为，羊胸脯肉必须是大家一起吃，这样才能心往一处想，劲往一处使。这一礼仪已经成为鄂温克人待客时不可忽视的礼节，同时也表达了对客人的美好祝福。另外，在吃肩胛骨肉时，也是大家分着吃，不能由一个人独自吃掉。鄂温克人认为羊肩胛骨上有种神力和福气，所以不管有多少人吃肉，每人必须吃一块肩胛骨肉。1964 年 8 月 5 日，党和国家领导人朱德和董必武来到鄂温克草原视察，董必武写下了“膳肉酪浆俱美味，钢刀银碗特工精，载驰载驱群络马，亦舞亦唱激抒情”，用诗一般的语言，赞誉了鄂温克美丽的自然风光和多彩的民族传统文化。

生活在嫩江流域和山区的鄂温克族，早已开始农耕并兼事狩猎、采集等多种经济活动。他们的主食以农产品为主，畜牧和狩猎的收获多作副食，主、副食已有明显的区别。传统主食有稷子、燕麦、大麦等，日常做干饭、肉粥、刀削面、发糕、炸糕、炒面、奶粥等。副食中除了肉、乳以外，还有园田种植的各种蔬菜，饮食内容丰富多样。

二、象征太阳和希望的红穗帽

受到狩猎和游牧生产生活方式的影响，早期鄂温克人充分利用各种野兽皮和家畜的皮来制作衣帽、鞋、腰带等各种服饰用品，创造了绚丽多彩而风格独特的狩猎和游牧服饰文化。

鄂温克族传统服饰是皮衣，主要以鹿皮、狍子皮等为主要原料，揉兽筋为线，缝制皮衣和骨扣。服装样式古朴，形状符合生产、生活的需要，耐磨耐用。行猎的鄂温克人冬天穿犴皮衣裤，夏天穿去毛的犴皮衣裤。手套也分带毛和不带毛的，背面用犴筋绣上花纹，美观大方。鄂温克猎人经常用完整的狍子头皮做出外形与鹿头、狍子头完全相同的皮帽子，只有两只眼睛露在外面，戴在头上既轻便暖和，又能达到迷惑野兽的目的。此外，还有犴皮腰带和犴腿靴。靴子分带毛的和不带毛的犴腿靴，用狍、犴腿皮做的靴子，美观、防潮、轻便、耐磨，适于在山林雪地上行走。被子也是用狍皮制成，轻便、暖和，褥子用犴、鹿、熊、猞猁和野猪等兽皮做成，还有犴腿毛皮褥子。鹿皮是上等的御寒材料，可以用来缝制大衣、皮衣、皮裤、皮帽、皮手套、皮靴、皮护腿、皮褥子等，未加工的驯鹿毛皮还可做睡袋和雪橇的遮盖物。

鄂温克猎人擅长用熟皮子、兽皮制作日常生活用品，制作的皮制品种类繁多、样式精美、艺术表现手法丰富。自禁猎以来，兽皮已经很难得到，很少有人再制作皮制品。现代市场经济的快速发展，这种传统的手工技艺也渐渐被人们遗忘。随着禁猎以及定居的实现，在款式上使鹿鄂温克女子的服装多为方领，加白、黑、红色领边，收腰为对襟长袍，以显示女性的线条美；男装为对襟短上装，下身穿皮质套裤。现在，鄂温克族青年的穿戴和汉族一样，大多数人在一定场合才穿传统民族服装。

生活在牧区的鄂温克人受蒙古族影响较深，男女服装均为右衽长袍。男子的长袍一般用青色和蓝色布料制作，厚重大气；女子则多选用金黄色和绿色的布料，潇洒美丽。尤其女子长袍上的那道绿色缝道，十分引人注目。未婚女子的缝道较宽，前后相同，已婚女子的缝道前宽后窄。此外，已婚女子的长袍肩部有重叠式的起肩，比肩高出近2寸，而未婚女子的长袍为平肩，上缝有倒垂直角的独特花边，宽约1寸。并且只有已婚的女子才穿坎肩，坎肩合体，镶缝着与坎肩颜色相配的饰边。男子的长袍下边要开叉，女子的长袍则没有这种叉口。未婚男子的长袍衣襟上有倒垂直角的花纹，同时，穿长袍的鄂温克族男

鄂温克少女　（包路芳摄）

子，无论老人、儿童都必须系宽长的腰带。老年妇女穿长袍时一般不系腰带，少妇和少女在家里不系腰带，只有出远门时才系腰带。腰带的颜色，男人一般选用金黄色，女人多用淡绿色。另外，鄂温克人无论春夏秋冬均穿跟长袍相配的长筒皮靴。春夏穿的是单皮制成的有布里子的长筒靴，秋冬穿的是内有长毛或厚棉里子的长筒皮靴。这种长筒皮靴舒适、结实，特别适合骑马放牧。

鄂温克人的帽子呈倒圆锥形，帽顶尖端有似红缨的穗子，帽面多用蓝色和天蓝色的布料缝制，上绣有各种美丽的图案。红穗帽在鄂温克族服饰文化中非常有代表性，男女老少都可以戴。男子的帽面多用蓝、黑色的布料或绸料缝制，女子的帽面多用绿色或天蓝色绸缎缝制。蓝、绿色与红缨相配，特别鲜艳夺目，别具风采。红穗帽带有帽耳，帽耳可下放遮耳，也可折到帽盔里面，又可系到穗前穗后，有多种戴法。帽耳冬季以洁白的羔皮或水獭皮吊里，夏季则衬以蓝呢绒。红穗帽是鄂温克人最喜爱的富有传统韵味的帽子，一年四季都可以戴。帽

子上的红穗象征着太阳和希望，蓝布表示蓝天，绿布象征大草原，黑色象征成熟和意志，充分表达了鄂温克人对太阳、蓝天和草原的崇敬。

鄂温克族妇女普遍配戴耳环、手镯、戒指，或镶饰珊瑚、玛瑙等，已婚妇女还要戴上套筒、银牌、银圈等。妇女的头饰都很讲究，用金银、贝壳、红珊瑚、绿松石等做头饰。妇女的装饰品中还有辫套，流行于牧区通古斯鄂温克人中的辫套是用黑布做套筒，约宽一寸，长一尺二寸，已婚妇女把两根发辫各套进筒内，套筒上端饰有银制的链子系于发辫根部，下端有似银圆大的圆形银坠，并以银链系结在胸前。男子腰间前挂绣花烟口袋，后面挂腰刀，刀鞘和刀柄上镶有银质雕刻图案。

直到20世纪50年代，鄂温克族传统服饰还比较完整地保留着。改革开放以前，鄂温克族的老人们还保持着其传统的着装方式，穿长袍在日常生活中还比较常见。随着汉族服饰渐渐普及，鄂温克人平时上班会都穿汉服。但是每个鄂温克人都会有几套经过改良的民族服饰，到了传统节日，人们要穿上自己传统的服装来庆祝。近几年来，鄂温克族自治旗政府积极动员社会各方面的力量，对鄂温克族服饰进行开发和传承，不仅通过举办服饰文化艺术节等活动来弘扬传统服饰文化，还走出家门，开展对外宣传和交流活动。1999年，鄂温克族自治旗成立了鄂温克族服饰表演队，队员全部由鄂温克族牧民、旗文化局干事、小学老师等构成，先后赴北京、俄罗斯乌兰乌德、阿甘基斯等地宣传展示。通过对鄂温克族服饰文化的大力宣传，已经在当地形成了一种浓厚的保护民族传统服饰文化的氛围，使民族自信心和民族自豪感得到增强。

三、荡起心爱的桦皮船

白桦树，生长在北半球寒带地域以及寒温带广大地域，生活在该地域的民族都有着用桦树皮制作各种各样生产生活用品的习俗，从而

自然形成了有寒带地域特征的桦树皮文化，是一种特殊的地域性传承文化现象。对于经常在密林游猎的狩猎民族来说，陶制器皿有易碎、笨重的缺点，不能适应狩猎民族生活的需求。而传统的桦树皮器具轻便、防水、防潮，不怕磕碰，不易破碎并且耐用，适应于狩猎民族的游动生活，因而深受狩猎民族的喜爱。鄂温克族是较早采用桦树皮制作生活用具的民族，桦树皮文化历史悠久，与驯鹿文化一道，成为鄂温克狩猎民族文化特征的一部分。在使鹿鄂温克人的生产生活中，桦树皮制品起到了举足轻重的作用，反映在他们生活生产方方面面的桦树皮制品种类十分丰富。

桦树皮制品 （包路芳摄）

生活在山林中的鄂温克人心灵手巧，善于用桦树皮制作各种器具，从桦树皮帽、桦树皮鞋等服饰到餐具、容器、住房、小船等，甚至人死后裹尸都可以用桦树皮制作。他们用桦树皮制作的盒、桶、碗、盆、箱、挎包等生产生活用品有几十种，轻便耐用，制作技艺堪称一绝。在桦树皮上面还刻、镂、绘各种几何纹、花草纹、动物纹图案，表现出高超的艺术水平，展示了自然环境、狩猎生产和饲养驯鹿的原生态景象。可以说，在使鹿鄂温克人的生活中，除了做饭用的铁锅之外，其他生活用品都可以用桦树皮制作。

使鹿鄂温克人把桦皮船称为“佳乌”，是用古老的手工造船技术制造而成的，在渡江渡河、沿河狩猎和打鱼时使用，既是狩猎生产工具，又是交通和运输工具。

桦树皮船长约 7 米，宽 80 厘米，两端尖而细又微微向上翘，似流线型，所以行驶时阻力小且速度较快。桦皮船不仅造型美观，形体小、轻便，一人就可以扛着走，而且耐用，浮力较大，使用起来也非常灵巧。桦皮船一般可载一个猎人和近百斤重的猎获物，最大的特点是不用时可将桦皮船沉入岸边浅水中，以防船体在日晒下暴裂。桦皮船制作工序并不复杂，但做工一定要精细，猎民制作一艘造型独特、别致美观、工艺精湛、轻便耐用的桦皮船大约需要 7 天时间。令人感到惊奇的是，从一艘完美无缺的桦皮船的整体结构中，竟然找不到一块金属材料，甚至一根小钉子，它完全是用纯天然的桦树皮、松树根、桦树干制作而成，表现出了使鹿鄂温克人古老神奇的创作智慧和手工艺技巧。桦皮船的出现与发展，丰富了鄂温克族桦树皮文化的内涵，显示出了鄂温克族的创造才能。

使鹿鄂温克人用桦树皮制作生产生活用具时，尽可能运用和发挥桦树皮自身特有的长处，创造出独具艺术风格的器物造型。如在桦树皮器皿表面雕刻出各种花纹并染上五彩缤纷的自然颜色，所有这些都将桦树皮文化推向了崭新的历史发展阶段。在桦树皮制品的颜料方面，使鹿鄂温克人采取了来自于自然、回归于自然的思维规则，以野生浆果的汁液和松树皮的本色制作颜料。尤其是兴安岭中的矮科植物红豆和都柿，是桦树皮制作生产生活用具时必不可少的颜料来源。可以说，在使鹿鄂温克人生产生活的方方面面，桦树皮以及桦树皮制品发挥

着极其重要的作用，甚至超越物质生活，进入到了他们的精神生活领域。

随着社会经济生活的发展，远离现代生活、工艺复杂、原材料已经很难获得的桦树皮制品及其制作技艺处于濒危状态。随着少数民族地区民俗旅游业的迅速发展，以及传统民族产品的开发，濒临失传的鄂温克族的桦树皮制作技艺开始得到传承和发展。许多年轻人主动向老艺人学习桦树皮制品的制作方法，还出现许多其他民族的人前来学习的现象。他们将传统技艺与现代工具相结合，制作出许多适合现代人使用和审美的新产品和装饰工艺品。

除了桦树皮制品外，鄂温克族的传统造型艺术还有刺绣、雕刻、绘画、剪纸等工艺，图样多取材于生产生活，具有独特的民族风格。雕刻艺术可分为骨刻、木刻等，刺绣的技法有平绣、锁绣等，所用色彩醒目夸张，图案有云卷纹、几何纹、花草纹、动物纹等，多姿多彩。鄂温克族民间还有不少的剪纸艺人，他们能用纸剪成各种动物等形状，形象逼真美观，栩栩如生。

第二节　鄂温克风情

鄂温克族在长期的生产、生活实践中创造了具有森林和草原文化特色的传统节日习俗，以及赛马、摔跤、射箭等文体活动，还有着丰富多彩的民间歌舞、传说和故事等，充满着浓郁的鄂温克风情。

一、欢乐祥和的节日

鄂温克族的传统节日有“阿涅”（春节）、正月十五、正月十六（抹黑灰日）、二月初二、“罕希”（清明）、五月初五、祭火日（腊月二十三）、瑟宾节等。这些节日充满着吉庆、祥和、祝福的含义，都要

祭神、祭祖，还要举行歌舞等娱乐活动。

瑟宾节是鄂温克族古老而传统的盛大节日，“瑟宾”是鄂温克族语，意为“欢乐祥和”。据史料记载，以游猎为生的鄂温克族先人，在每次猎到熊这种猛兽后，都要唱歌跳舞庆贺 3 天，这就是最初瑟宾节的雏形。但熊这种猛兽并不能轻易捕到，因此早期的瑟宾节并没有固定的时间，内容也因熊祭祀而显得比较单一。后来由于熊数量的急剧减少，鄂温克人开始捕猎貂、鹿等动物，瑟宾节也由熊祭祀慢慢过渡到了对山神的祭拜，祭祀、狂欢内容不断丰富，逐渐增加了模仿动物、飞禽的歌舞表演，狩猎、采集生产的劳动竞技游戏，以及源自取暖狂欢的篝火舞等内容。

瑟宾节逐渐演变为鄂温克各部落一年一度的盛大狂欢，每年农历五月中下旬，部落里的男女老幼都会穿上节日盛装，相聚河谷草滩，共度佳节。活动从祭祀开始，祭祀一般由家族、部落头领或部落的萨满主持，在山神牌位或敖包前供奉鹿、牛、羊、马奶酒等祭品，以祈求风调雨顺、人畜兴旺、四季平安。祭祀仪式后，开始歌舞与竞技活动，在此期间，传统舞蹈“努日给勒”、即兴填词的民歌表演“扎恩达勒”和赛马、射箭、摔跤等一系列传统节目纷纷上演。在晚宴上，晚辈要向长辈敬酒，老人给孩子们分发吉祥礼物，野餐酒宴一直持续到篝火晚会开始。篝火晚会是瑟宾节的最后一项内容，也是节日的高潮。家族或部落里的男女老少，乘着酒兴，围着篝火跳起篝火舞，又叫圈舞，极尽狂欢，直到次日黎明才会尽兴而归。

由于历史上鄂温克人频繁地征战、迁徙，瑟宾节在我国鄂温克人中一度失传。应广大鄂温克人的要求和愿望，1993 年 11 月，在内蒙古鄂温克族研究会第三届会员代表大会（黑龙江省鄂温克族研究会也派代表参加）上决定恢复瑟宾节，定于每年的 6 月 18 日举行，届时放假一天，开展纪念活动，并把象征吉祥、幸福、和睦、进取的

瑟宾节上的现代马术表演　（包路芳摄）

驯鹿定为鄂温克族的吉祥物。从1994年起，我国各地的鄂温克人都开始过瑟宾节，还要进行“抢枢”、摔跤、赛马、射箭、夺宝、腕力、颈力、拉棍等传统体育项目比赛，夜晚还要举行篝火晚会，载歌载舞直至深夜。

鄂温克族自治旗举办的瑟宾节隆重热烈，已经成为全旗各族人民的盛会，也是一场夏季那达慕大会。每年6月18日，鄂温克族自治旗的各族群众身着鲜艳的民族服饰，扶老携幼骑马乘车欢聚一起，隆重庆祝瑟宾节。开幕式上有各民族歌舞表演，举行摔跤、赛马、赛骆驼、“抢枢”等传统民族体育项目的比赛，还要举行祭敖包、文艺演出等活动。从2001年起，自治旗在瑟宾节中加入了赛奶牛项目，此后，每年的瑟宾节都有自己的主题特色，如赛骆驼、赛马等。

在每年的12月，鄂温克族自治旗还要在巴彦呼硕敖包山上举行冬季那达慕，可视为冬季草原牧区生活的集中展示，也是草原人挑战寒

夏季那达慕大会　(包路芳摄)

冷、超越自我的盛会。雪地赛马、赛骆驼、马拉雪橇、雪地博克等项目尽显鄂温克族等北方少数民族的豪气和强悍，同时成为冬季风情和鄂温克服饰、蒙古族服饰展示的大展台。黑龙江省鄂温克族的瑟宾节民俗活动，包括祭祀山神、民族歌舞表演、传统竞技、游戏、野餐酒宴、篝火晚会等内容，已入选黑龙江省非物质文化遗产名录，并进入第三批国家级非物质文化遗产名录公示名单。

“米阔鲁”节，是鄂温克人庆祝牧业丰收的节日。每年农历五月下旬，草原上的牧民为庆祝春季接羔丰收而举行。一般以家庭或家族为单位，这一天要给马烙印、剪鬃、去势、除坏牙，给羊剪耳记号等，并举行宴会，邀请亲朋好友共享丰收喜悦。老人们根据习惯，给外甥、侄、女儿赠送母羊羔，祝福晚辈们拥有更多的羊群。之后，牧马人把马群赶回，老牧人为了锻炼青年人，常常让他们套马。这天也是青年牧人施展自己骑技的一天，烈马被套中后，另一牧人赶过去，二人揪

住马耳朵，将马绊倒，或是揪住马尾巴，纵马前奔，用一股巧劲使其倒地。然后牧人们赶上去把马按住，有的剪鬃、割尾梢、除坏牙，有的割耳作记号。这时马的主人把畜印烧红，烙在马的后腿上部。之后，主人要设酒肉致谢，宣布当年仔畜成活、牲畜增加情况，来者祝主人家牲畜兴旺。席间人们尽情歌唱，这种繁忙而欢乐的活动，从一家转到另一家，整个草原都沉浸在丰收的喜悦中。

鄂温克族在生产生活实践中，形成了多彩的节日习俗，这些节日习俗调节着人们的生产生活节奏，充实丰富了鄂温克人的生活。

套马的汉子 （包路芳摄）

二、马上奇绝“抢枢”

世代居住在呼伦贝尔茂密山林、草原及河谷地区的鄂温克族，在漫长的历史发展中，创造了丰富多彩的非物质文化遗产。其中，鄂温克族的体育运动也独具特色，“抢枢”就是颇具代表性的一项。“抢枢”是在生产力水平低下的情况下，鄂温克族长期同自然界搏击中流传下来的体育竞技游戏项目，已有上千年的历史。它体现了鄂温克人与大自然抗争的意志、顽强的生存技能以及奋发向上的民族精神。

“枢”在鄂温克语中为“销子”之意，指勒勒车车轴上的固定车轮，为防止车轮从车轴上脱落而定位的木制卡销。“抢”在鄂温克语中有体能的意思。相传很早以前，有一个鄂温克家庭在草原上逐水草而迁徙，因领头勒勒车的“枢”脱落遗失，导致后面多辆车无法行进。经验丰富的老人将人马分成两队，吩咐道：“车的‘枢’一定遗落在过来的路上，你们两队人马谁能先找到‘枢’返回并修好车，我就奖赏他。”老人的幼子一方先找到了“枢”，得知这一消息后，哥哥不服气，率领人马与弟弟一方进行了一场激烈的“抢枢”搏击，最终夺得了“枢”。事后，老人认为两个儿子一个心灵神慧、眼疾手快，一个力大无比、有顽强的斗争意识。于是就奖励给两个儿子许多牛羊，并教育他们要团结合作，发挥各自的长处来战胜困难。后来，“抢枢”就逐渐演化为一项体育运动。

随着时代的发展，“抢枢”这项民间传统体育竞技运动一度面临后继无人、濒于失传的状态。自1995年以来，鄂温克族研究会、鄂温克族自治旗民族宗教事务局和鄂温克中学，开始大力挖掘整理“抢枢”运动，并成立了“抢枢”协会。在自治旗政府的支持下，多次举办“抢枢”运动培训班。通过在鄂温克草原上推广这项传统运动，逐渐形成了具有固定比赛场地、器具、比赛方法及规则，既凝聚了古老的民族传统，又包含现代体育特质的竞技运动。挖掘整理后的“抢枢”运动，汇聚了鄂温克人在日常游牧、狩猎过程中的众多技能，以独特的比赛方式，锻造了鄂温克人强健的体魄和坚毅果敢的性格。

现在，新设计的“抢枢”场地犹如雄鹰展翅，场地头部像一颗星，尾部像圆月。比赛有男队、女队和男女混合队三种类型，运动员服装有鲜明的鄂温克特色。双方队员数为5人以上，设前锋、中锋、后卫若干名，以三局两胜者为胜。比赛时，先将“枢”埋在指定地点，双

方谁先找到“枢”，便要喊一声“枢”，随即展开激烈的争夺，最后以夺“枢”后能将“枢”敲打在终点的车轮上为胜。“枢”以手接手的方式传递，禁止抛传，运动员脚踩任何一条边线都算犯规，跑出指定地点者也算犯规。犯规运动员要在场地两侧的星位内罚站，1分钟后方可以再参加比赛，不准换人和换赛位。比赛要求队员有较快的奔跑能力、敏捷的反应，以及较强的臂力、握力和摔跤技巧。在搏击中，队员可以充分发挥自己的聪明才智来取胜，既有“橄榄球式”的争夺，也有“角力式”的摔抢。比赛设1名主裁判员，2名副裁判员，主裁判员有决定权，2名副裁判员在场地两侧负责巡查边线。比赛要求队员举止文明，不准有拳打脚踢的动作。

在1997年的鄂温克族自治旗的瑟宾节上，“抢枢”首次被列入比赛项目。1999年，又成为第六届全国少数民族传统体育运动会的表演项目，首次走进了全国体育的竞技场，向外界展示了鄂温克人不畏艰难、奋勇向上的进取精神。2007年，“抢枢”被列入内蒙古自治区第

“抢枢”比赛　（布日古德摄）

一批非物质文化遗产名录，2008年入选第二批国家级非物质文化遗产名录。鄂温克族传统体育项目传承人哈森其其格，于2009年入选国家第三批非物质文化遗产传承人名录。

如今，“抢枢”这项传统体育项目不仅走进了国家级体育竞技场的大舞台，同时也走进了学校神圣的课堂。在完善和发扬这项运动的同时，为了有效地传承这一珍贵的文化遗产，鄂温克族自治旗将“抢枢”运动纳入了全旗中小学体育课程，成为乡土教材的必修内容，有统一的教学大纲、教学进度和课时计划，赋予了教材内容更多的民族性、地域性和乡土性。这样，鄂温克族的年轻一代，在学校体育课堂上就能够学习民族传统体育承载的古老知识和技能，优秀的传统文化得以传承。现在，不仅各个学校普遍开展了“抢枢”运动，自治旗各苏木、乡镇也都有自己的“抢枢”代表队，在每年的瑟宾节上都要举行“抢枢”比赛。这一切都进一步激发了鄂温克人对这项传统体育运动的热爱，也提高了“抢枢”的知名度。

三、田园风情的民歌

鄂温克人能歌善舞，他们把唱歌称为“扎恩达勒”，曲调悠扬流畅，能够自由抒发情感，多在劳动、思念亲人、表现风俗礼仪时演唱。民歌内容广泛，涉及民族历史、生产劳动、社会交往、爱情婚姻、抨击邪恶等内容，我们可以从中认识和了解这个民族的历史，感受他们追求美好生活的理想和愿望。众多的民歌中，有的即景生情、即兴填词，有很多歌曲是用同一曲调，在不同场合填上不同的词来表达心中的喜怒哀乐。也有一些专为舞蹈伴奏的民歌，节奏性强，欢快热烈。在欢聚的篝火晚会上，在喜庆的民间节日仪式上，民歌起到了烘托气氛、统一舞蹈步调、交流情感的重要作用。

鄂温克民歌也是优美的诗歌，歌咏起来十分上口，歌与诗、舞浑

然一体，是鄂温克族民歌的主要特色。民歌叙事性较强，曲调口语化，有长有短，有几行的，也有几十行的，短的大部分是抒情歌，较长的为故事歌。民歌可分为“猎歌”、“牧歌”、“情歌”、“酒歌”和“萨满神歌”等多种类型，讲究押头韵，衬词较多，结构方整对称，多由上下句组成，或由单乐句的不断反复或变化重复构成，既使用比较古老的三音音列，又使用五声音阶。

鄂温克族民歌与狩猎和游牧生活息息相关。茂密而富饶的森林、连绵而雄伟的高山、辽阔而美丽的草原，千百年来是鄂温克族生息、繁衍的摇篮。鄂温克人对大自然的崇尚和膜拜发自灵魂深处，对大自然的热恋升华成一种坚定不移的信念，渗透到民歌的字里行间。那悠扬奔放的旋律，表现了生活在森林和草原上的鄂温克人宽阔的胸怀、质朴的性格，粗犷的音色中不乏细腻的情感。鄂温克人用民歌赞美家乡，唱出了对养育自己故土的深深眷恋。如《美丽的辉河，我的家乡》中唱道：

金波闪光的辉河啊，水流清澈的雅鲁河，这是鄂温克人美丽的家乡，是我生长的地方。我放开嗓音歌唱，鄂温克人可爱的家乡！我放开嗓音歌唱，用乳汁哺育了我的故乡！

在鄂温克族民歌中还有很多歌颂爱情的歌曲，饱含了对不幸婚姻的痛恨和对自由爱情的向往。在民歌《为什么把我嫁给他》中唱道：

光秃秃的地上，白脖鸭怎能落下？素不相识的人，为什么把我嫁给他？不长草木的地方，黄鹂鸟怎能落下？连一点情意都没有的人，为什么把我嫁给他！

在《心上的人哪，代苏哥哥》中唱道：

心上的人哪，代苏哥哥，只有你和我情投意合。站在高处，才能望得远，相爱的生活，比蜜还甜。意中的人哪，代苏哥哥，我们相爱，是因为生前有缘。最好的烤烟，留给你卷，美满的日子，要你我相伴！

鄂温克族情歌以平直、朴素、简练的表达方法，热情奔放的性格特征，表达出了青年男女对恋人的无限思念。在敖鲁古雅鄂温克民族乡流传的情歌《绿树满山》里唱道：

飞鸟和树林怎么能分开，我们的恩爱谁也拆不散！驯鹿和仙人柱怎么能分开，善良的萨列哥令我念怀！

这首民歌以“飞鸟和树林”、“驯鹿和仙人柱”这些森林中的景物，与活泼可爱的飞鸟和驯鹿为衬托，表达鄂温克族青年男女的爱情就像“飞鸟和树林”一样，谁也离不开谁，强调了对爱情的执着以及追求幸福生活的坚定信念。情歌中也含有对那些蛮横地干涉纯真爱情的强烈不满与愤慨，如在敖鲁古雅鄂温克民族乡流传的情歌《格根毛伦山上》这样唱道：

格根毛伦山哟，松林里有棵榆树孤单单，是那恶魔似的丑老爷，把相爱的情人活活拆散！格根毛伦山哟，松林里有棵杨树孤单单，是那豺狼般的坏老爷，把相爱的情人隔在山两边！

这首民歌仍然以鄂温克人最为熟悉的高山、榆树、杨树作为情感的替代，运用比喻的手法，表达相互爱恋的一对青年在社会势力和家庭阻碍下，各奔东西的悲惨遭遇。但就鄂温克族情歌的整体内容来讲，依旧是表现美好爱情生活的作品占绝大多数。黑龙江地区的鄂温克族，因较早从事定居的农业生产，他们的民歌颇具田园风格。草原鄂温克族的辽阔、悠扬以及山林鄂温克族粗犷、高亢的民歌，在黑龙江省鄂温克族中已经很少听到了。

四、欢乐之火舞

歌舞是鄂温克族生活的重要组成部分，鄂温克人不仅善于歌唱，也非常爱好舞蹈，在节日聚会、婚庆和劳动之余，总要跳起舞蹈。鄂温克人最喜欢的舞蹈主要有“阿罕拜”舞、“爱达哈喜楞”舞、“哲辉冷”舞等，他们喜欢跳舞步简单、生动活泼的群舞，边歌边舞，通过歌舞来表现鄂温克族的生产和生活。民间舞蹈为“努给勒”，多由妇女表演，表现了牧区和半山区生活的特征。“努给勒”舞步独特，动作结实有力，节奏性强，脚的动作和上身的配合，以“跟靠步”和“跺步”为其舞蹈特点，再加上有节奏的呼号，构成了鄂温克族舞蹈的风格。

天鹅舞，鄂温克语叫作“斡日切”舞，是妇女们最常跳的民间舞蹈，在牧区鄂温克人中广泛流行。关于《天鹅舞》的来源有一种说法，在古代，失散的鄂温克军队根据天鹅飞行的方向找到了聚居地，因而对天鹅产生敬仰、崇爱之情。鄂温克族崇尚天鹅，以天鹅为图腾，视之为能带来吉祥的神鸟。因为天鹅给鄂温克人带来了超能的帮助，因此鄂温克人把天鹅加以人格化和神化，作为一种圣鸟加以拜祭。妇女们闲暇时喜欢模仿天鹅的各种姿态，自娱而舞，逐渐演变成一种天鹅舞。跳天鹅舞时，舞者肩部披一条白布作为天鹅的翅膀，头上戴一块红布代表天鹅冠。跳舞人数不限，男女各一半，站成里外两圈，男子在外圈，女子在里圈。随着音乐的伴奏，大家一起伸展双臂，上下起动，仿佛天鹅在空中翱翔。与此同时，脚步动作为跟随步，两腿自然地伸屈。里外圈表演者相互交错，交错时双手由旁边举到头上，再从头上举到前额，表现出天鹅飞翔时的各种姿态。在舞蹈时，发出“给——咕！给——咕”的天鹅鸣叫声，以增强气氛。天鹅舞动作优美、自然豪放，表现了鄂温克人对天鹅和大自然的热爱。

鄂温克舞蹈　（布日古德摄）

彩虹是鄂温克人自然崇拜中所崇奉的自然现象之一，他们认为彩虹是幸福美好的象征，是天上的神灵对人间的赐福，是上天与人间相连的天桥，彩虹的出现是吉祥的预兆和美好生活的开始。在碧绿的草原上从事牧业生产的鄂温克人对彩虹有独特的情怀，这耀眼生辉的自然景象成为他们美好的记忆。彩虹舞是一种集体舞蹈，多由女性表演。表演时，表演者头戴红缨帽，穿上赤、橙、黄、绿、青、蓝、紫颜色的服装，代表彩虹的颜色。舞蹈动作多体现在手臂和脚步，动作时而轻松时而紧张，表现出鄂温克人在风和日丽的草原上快乐繁忙的生活景象，以及对蓝天白云和彩虹所蕴含的崇拜之情。每当节假日时，鄂温克人在辽阔的草原上跳起彩虹舞，抒发对大自然的依恋和厚爱。彩虹

舞已经成为鄂温克族舞蹈中民族精神与风格的代表，可以说，在鄂温克人中，无人不知彩虹舞，无人不会跳彩虹舞。

2013年6月16日，历时三年筹备，搜集大量民俗、歌舞、民族志等宝贵历史材料，展现鄂温克族生产生活方式变迁和爱国情怀的大型历史歌舞剧《彩虹之路——鄂温克》在内蒙古自治区呼伦贝尔市进行首次公演，获得广泛好评。歌舞剧《彩虹之路》，反映了鄂温克族1732年移民实边到呼伦贝尔草原的这段可歌可泣的历史。该剧的艺术总监、故事的原创者鄂温克人涂们正是从这片大草原走出去的表演艺术家，这部凝结着他心血的《彩虹之路》，是他高度的历史责任感与民族自豪感的集中体现。他这样解释《彩虹之路》名称的由来："我们想用彩虹寓意鄂温克族民族所走过的道路是七彩的。"这部歌舞剧有精彩的歌舞表演，有多姿多彩的民风民俗展示，生动描述了鄂温克族走过的七彩历史路，以及所体现出的大义民族魂。很多观众是通过该剧第一次了解了自己生活的这片土地，了解了这片土地上的开拓者和守卫者。

《彩虹之路》全剧80％以上的歌曲都是以鄂温克族古老的民歌为素材，又经过创新和再创作。开篇优美动听的鄂温克族摇篮曲，一下子就把观众带入了鄂温克民族传统生活场景之中。此后，无论是表现森林狩猎生活与初见草原时的欢快喜悦、宗教仪式氛围的神秘庄严、迁徙路上的凝重悲凉、战火纷飞中为国捐躯的慷慨悲壮，还是抒发告别故乡时的深情哀婉、思乡时的低沉忧伤、送征时的情深意长、恋人惜别时的浪漫抒情，以及对生命的讴歌赞美，该剧的音乐和歌舞都很好地阐释了剧情，烘托了气氛，也对演员塑造舞台形象起到了极好的烘托作用。

鄂温克族自治旗乌兰牧骑艺术团成立于1962年，是全国唯一一支传承鄂温克族文化的专业艺术团体。现有演职人员66人，由鄂温克族、达斡尔族、蒙古族等少数民族组成。有国家二级演员10人，国家

三级演员12人，演员平均年龄28周岁。1997～2008年，被内蒙古自治区党委宣传部、内蒙古自治区文化厅授予“十佳乌兰牧骑”、“一类乌兰牧骑”称号，在国内外大赛中屡获殊荣。2000年7月，经国家文化部、内蒙古自治区人民政府的批准，乌兰牧骑艺术团赴日本参加“PMF”国际艺术节。2001年8月，赴俄罗斯乌兰乌德市进行文化交流演出活动。2005年、2007年、2010年参加了第三届、第四届、第五届内蒙古乌兰牧骑艺术节，均获团体演出金奖、团体一专多能奖。2006年参加第二届呼伦贝尔乌兰牧骑艺术节获得集体演出金奖。2008年参加首届漠河中国北方少数民族歌舞服饰展演大赛获集体一等奖。2009年参加首届内蒙古自治区民族文艺汇演获特别奖。2011年，应台北少数民族两岸文化经营交流促进会的邀请，赴中国台湾地区进行文化交流演出活动。

乌兰牧骑艺术团在演出 （斯仁巴图摄）

《彩虹之路》由鄂温克族自治旗乌兰牧骑艺术团创作演出，共分为美好家园、圣旨、迁徙、安营扎寨、征战及寻夫延嗣6个章节，包括

思念家园、到达美丽的草原、相会等23场经典片段，完整地再现了历史上鄂温克索伦部从大兴安岭以东的布特哈地区西迁至呼伦贝尔大草原的过程。在这个过程中展示了鄂温克人历史、文化、生活的方方面面，该剧可以说是鄂温克族的一部西迁史，一部戍边史，一部征战史，一部风俗史。

大兴安岭深处的使鹿鄂温克人，世世代代以饲养驯鹿和以打猎为生。每当男人们打猎丰收后，大家晚间聚在一起升起篝火，围绕篝火边跳边唱，共同庆祝打猎归来。“伊堪”鄂温克语意为“火神”，“伊堪舞”译为“篝火舞”，又称为“欢乐之火舞”，是一种男女老少都会跳的自娱性群舞。每当庆贺狩猎丰收、举行婚礼或各种欢宴时，鄂温克人便相邀于傍晚，选择河边、草地、林间空地等处，燃起一堆篝火，大家手拉手围绕着篝火自左向右边唱边舞。由一人领唱，众人和之，曲调由领唱者选择。歌词大多由领唱者根据晚会不同内容即兴填词，见景生情，内容一般为歌颂家乡幸福生活和美好的自然风光。歌词里这样唱道：

（领）兄弟姐妹们，
（合）兄弟姐妹们，
（领）来让我们唱起来，
（合）来让我们唱起来，
（领）来让我们跳起来，
（合）来让我们跳起来。
（领）不久我们又要分开，
（合）不久我们又要分开，
（领）为了祝福狩猎的丰收，
（合）为了祝福狩猎的丰收，

（领）为了幸福的重逢，

（合）为了幸福的重逢。

（领）我们欢乐地歌唱吧！

（合）我们欢乐地歌唱吧！

（领）我们尽情地跳舞吧！

（合）我们尽情地跳舞吧！

“伊堪舞”表演分二段：第一段在慢板的歌曲伴唱下做“拉手跺步走”动作，平稳、舒缓，舞姿优雅；第二段在快板的歌曲伴唱下做“拉手跳踏步动作”。歌声由低到高，随着篝火的燃烧程度，舞蹈动作从慢到快，逐渐把舞蹈推向高潮，然后再从头反复直至尽兴而止。猎人们只有在狩猎丰收时，才会相聚一堂欢歌起舞，因此舞蹈活动也只有在狩猎丰收时才举行。“伊堪舞”从诞生之日起就渗透着浓郁的狩猎文化气息，蕴含着使鹿鄂温克人对火神崇拜的传统信仰。

第三节　一方水土一方人

鄂温克族虽然属于我国人口较少民族，却创造了多姿多彩的传统文化艺术和丰富的民间文学，培育出了很多文化艺术名人。他们的影响已经走出山林，走出草原，走向了全国，走向了世界。“住在大山里的人们”已经与外界并不遥远。

一、民族的心音：乌热尔图

乌热尔图，现代鄂温克族作家，祖籍黑龙江省甘南县，1952 年出生于内蒙古兴安盟乌兰浩特。“文化大革命”期间，他长期在呼伦贝尔盟额尔古纳旗敖鲁古雅鄂温克民族乡生活，当过猎民、工人、民警、

党委副书记。他的经历可以说是中国少数民族作家成长的一个缩影。乌热尔图是鄂温克族历史上第一个有影响的作家，创作作品主要为短篇小说，鄂温克族古老而独特的森林狩猎生活和民族的历史命运，为乌热尔图的文学创作提供了丰富的题材。乌热尔图的小说笔法细腻生动，真实再现了鄂温克族猎民美好的心灵和感人的英雄气概，尤其是他对动物拟人化的写作手法，令不同文化背景的读者着迷。

乌热尔图从 1976 年开始专注于文学，发表处女作《大岭小卫士》，1978 年在《人民文学》杂志上发表反映鄂温克族猎民生活的短篇小说《森林里的歌声》，从此走上了文学创作之路。之后，他一发不可收拾，尤其是在《一个猎人的恳求》中，乌热尔图把这个狩猎民族的求生愿望和他们心底的呼声，像火山喷发般地给予了尽情的表达。短篇小说《一个猎人的恳求》、《七叉犄角的公鹿》、《琥珀色的篝火》连续获得 1981 年、1982 年、1983 年全国优秀短篇小说奖。短篇小说《老人与鹿》获得 1988 年首届全国优秀儿童文学奖。短篇小说集《琥珀色的篝火》被译成日文，在日本出版，另有其他作品译成英文、俄文等多种文字。

乌热尔图的画像　（包路芳翻拍）

他的创作立足于本民族生活，将古老的鄂温克民族游猎生活艺术化地呈现在读者面前。身为鄂温克人，乌热尔图关注这支古老狩猎部落的文化变迁，关注民族间的平等交往，关注森林及生态环境变化在

鄂温克人心灵上产生的压力。他又先后出版短篇小说、散文随笔集《乌热尔图小说选》、《你让我顺水漂流》等100多万字的作品。短篇小说《瞧啊，那片绿叶》和小说集《你让我顺水漂流》分别获得第一届全国少数民族文学奖和第六届全国少数民族文学“骏马奖”。“我可以挺直了腰杆说，我没有疏远也没有背叛这一片对我恩重如山的土地。”这对他来说是最为欣慰的事情。1990年，乌热尔图返回呼伦贝尔，在贴近自然的环境中写作。

乌热尔图早期的创作多采用第一人称叙事，淡化甚至遮蔽民族身份，叙事主人公大多是儿童。而到了后期，主人公则变为成年人甚至老人，反映出他对鄂温克族传统文化变迁的思虑，力图将现实、历史与部族神话、传说、图腾连接，寻根溯源，借各种隐喻来阐释整个部族的精神世界，使其更具凝聚力与民族意识。鄂温克族独特的生活历史，具有独特民族心理素质的猎人和大森林色彩绚丽的自然风景，构成乌热尔图短篇小说一个独有的世界。在艺术表达手法上，他善于选择最具典型意义、富于强烈冲突的细节，在生命攸关的关键时刻着力展示人物的内心世界和美好灵魂，有着较强的情感色彩和艺术感染力。

20世纪90年代以来，乌热尔图开始思考人与自然的关系以及民族文化保护这两大主题，思考结果凝聚为系列文化随笔，集中在《呼伦贝尔笔记》一书中。乌热尔图早在80年代就已经得到了文学批评界的认可，他的文学世界仿佛是一个凝固了的剪影，永久地封存在文学界的记忆里。同时，乌热尔图还是我国20世纪末期较早涉足生态文学领域的作家，他以超前的生态思想和融入生态思想的文学作品，不断发出呼吁，也留下来了自己宝贵的声音。

作为少数民族作家，乌热尔图用汉语写作，向汉语读者讲述多姿多彩的鄂温克人的生活。今天，我们带着这份文学记忆，在更为开阔

的民族学和人类学视野中重新品读乌热尔图的小说，会格外地有所发现和心得。

二、森林的孩子：维佳

在敖鲁古雅的使鹿鄂温克人内心深处，森林是距天堂最近的地方，民族诗人维佳就生活在这样的天堂里。他曾这样深情地描述："以前兴安岭是一片大海，那时候天上只有星星和太阳，没有月亮。月亮每隔十五天，来洗一次脸，后来海水移动了。哗，海水移动的时候……"

维佳被很多人视为敖鲁古雅鄂温克族部落的"文化代言人"，可谓是鄂温克族"当代的荷马"、"鄂温克民族的王维"与"鄂温克族的安德鲁·怀斯"。维佳所在的家族在使鹿鄂温克人中颇具代表性，维佳的母亲叫巴拉杰依，是一位酷爱本民族文化艺术的老人。巴拉杰依的母亲纽拉是使鹿鄂温克人的最后一位萨满。巴拉杰依的丈夫基米德是早期接受党和政府教育，并入党和参加工作的使鹿鄂温克人之一。巴拉杰依本人又是最早参加工作的使鹿鄂温克妇女之一。她的大女儿柳芭是全国恢复高考后最先考上大学（中央民族大学美术系）的使鹿鄂温克人大学生。可以说，巴拉杰依及其家人的经历从一个侧面反映了使鹿鄂温克人的社会变迁。

维佳是俄罗斯名字，汉译为"勇敢的棒小伙"。1965 年出生的维佳文质彬彬，一头长发，满身的艺术气质。他会写诗，笔下的文字蕴含哲理。受姐姐柳芭的影响，他也喜欢画画，试图用画笔留下鄂温克猎民的生活。驯鹿是使鹿鄂温克人的魂，维佳笔下的驯鹿栩栩如生，令人过目难忘。1986 年，在内蒙古青年画展比赛中，他的作品《采蘑菇》获得青年组一等奖。维佳在《我记得》中用诗歌表达了自己对狩猎文化与驯鹿文化的热爱：

我记得
幼时跟随母亲
沿敖鲁古雅河而上
骑着驯鹿来到了乌力楞
他们的乌力楞
好像金字塔一样
在那里
我看到了姥爷和姥姥
他们把我举在半空中
不停地旋转
我还记得
他们向着东方火红的太阳
唱起感恩之歌
歌声包含着
鄂温克语言的全部美丽
……

维佳的诗歌颂了民族文化赖以生存的大自然，寄托着人类对生态文化环境的尊崇与热爱：

绿绿的兴安岭
静静的贝尔茨
蓝蓝的天空
悠悠的白云
绚丽的彩虹轻飘漫舞
火红的太阳落山了

彩虹变成了淡黑色的云

在维佳的诗歌中，我们能感受到鄂温克人与熊、狍子、驼鹿、驯鹿、日月山川河流、森木以及各种自然现象的关系。维佳写出了鄂温克人内心的独白，在和神灵以及动植物、大自然的对话中，诗人得以解决精神困惑，平衡心理情感，安顿自己的灵魂。

2003年8月，这支中国最后的狩猎部落开始搬迁，猎民放下猎枪，牵着驯鹿告别了生活过几百年的森林高山，开始了他们在根河市郊的定居新生活。他们至今已经搬迁10年了，但是“狩猎部落最后的酋长”玛利亚·索、维佳和他的姐姐等几人始终坚守在山上，始终在坚持着放养驯鹿，这几乎成为他们生活的全部。络绎不绝的游客和学者，更激发了维佳进行绘画和创作的热情。随着使鹿鄂温克人的一些民俗和手工艺制作被列入非物质文化遗产保护行列，他的作品也备受社会各界广泛关注。地方政府将维佳列入乡土人才信息库，增添了他的责任感和使命感，维佳积极参与了新敖鲁古雅鄂温克民族乡的一些有关民俗文化和艺术的创作。

维佳就连酒后的随意吟诵，都在表达他对森林的热爱和留恋之情，都在讲述森林的故事：

传唱祖先的祝福，为森林的孩子引导回家的路。我也是森林的孩子，于是心中就有了一首歌，歌中有我父亲的森林母亲的河。岸上有我父亲的桦皮船，森林里有我母亲的驯鹿，山上有我姥爷隐秘的树场，树场里有神秘的山谷……

2007年5月20日，我国台湾地区著名蒙古族诗人席慕容探访了敖鲁古雅鄂温克民族乡后，有感于维佳的才情，给维佳写下了这么一段

话："艺术的生命需要自己小心地保护和维持。珍惜上天赋予自己的才情，坚持下去。"维佳的精神在他灵魂最深处，鄂温克的神灵赋予了他灵性和才情，他是森林的孩子，在守护森林的同时，森林也在保护着他。

第四章

神秘的萨满世界

鄂温克族中的绝大部分人信仰萨满教，敬奉大自然，还保留着图腾崇拜和动植物崇拜的内容。牧区的鄂温克人同时信仰喇嘛教，部分通古斯鄂温克人和使鹿鄂温克人同时还信仰东正教。

第一节　万物有灵

萨满教在鄂温克族早期社会生活中占有重要地位，尤其是在思维意识和生产力发展的初期阶段，萨满教信仰成为当时鄂温克社会有序和平衡发展的精神动力，对鄂温克族的生产生活领域产生深刻影响，渗透到其物质文化和精神文化的各个层面。

一、多神崇拜

鄂温克族是古老的森林民族。远古时期，鄂温克人对自然界的种种现象不能给予科学的解释，他们相信世界上有一种超自然的力量支配着人间万物，于是对日月星辰、风雨雷电、古木奇草、飞禽走兽等一切自然界中有生命和无生命的物体都赋予灵魂，作为崇拜对象。在这种万物有灵的思想基础上形成了鄂温克族以多神崇拜为内容，以一定的祭祀为表现形式的萨满教。萨满教是鄂温克族古老的宗教信仰，它将天地、山岳、江河、日月星辰，以及火、树、雷、雨和祖先的灵魂，都当成神灵来崇拜，并融进了浓厚的感情色彩。萨满是对神职人员和巫师的称谓，是人和神的联络者，在鄂温克语中有知晓、通晓的意思。萨满巫师曾在鄂温克族生活中占有极其重要的地位。

众神信仰是鄂温克族萨满教信仰的一大特色。鄂温克人普遍相信世间万事万物皆有神灵，并人为创造了许多各司其职的神灵，种类多达十余种。如“霍卓热”（祖先神）、“那恩纳”（天神）、“阿格迪博如坎”（雷神）、“希温博如坎”（太阳神）、“玛鲁”（萨满教诸神的集体总称）、“托博如坎”（火神）、“白纳查”（山神）、“额特肯”或“阿米坎”（熊神）、“呼莫哈博如坎”（鹿神）、“胡连博如坎”（蛇神）、“奥米博如坎”（保护婴儿神）、“吉雅奇”（保护牲畜神）、“阿巴格勒岱”（面具神）、“卓勒神”（原为奴仆），“阿隆神”（驯鹿保护神）等。为了顺利地从事生产活动，鄂温克人必须先祭神，比如，狩猎要祭山神“白纳查”，畜牧要祭牧畜之神“吉雅奇”，捕鱼要祭水神等。索伦鄂温克人祭祀“吉雅奇”神时，要把全羊煮熟供神，祈求畜群安全和人畜两旺，还把剪羊耳记时剪下的部分，用线串上后悬挂在“吉雅奇”神的两旁。鄂温克人认为熊也是祖先，把熊奉为与鄂温克族有血缘关系的祖先加以崇拜，并有祭熊仪式，表达对熊的敬重和膜拜。熊斗舞便是鄂温克人以舞蹈形式表述的对熊的神圣祭礼，充满了狩猎鄂温克人的森林文化特质。

在鄂温克人中流传着这样一则古老的故事：很早以前，有个玩火的小孩不慎被火灼伤了手，他的母亲生气地用猎刀将火乱捅乱刺了一阵子，结果当天晚上她怎么也点不着火。第二天，她的妯娌让她回到原来住地看看有没有余火，于是她来到原先的住地，只见一堆大火正

在熊熊燃烧，火旁还坐着位老太婆，满脸是血。妇女上前问个究竟，老太婆生气地说："是你昨天把我弄成这个样子的！"妇女赶紧跪下求饶，老太婆严厉地斥责了她一顿，告诫她以后不许再这样，这样妇女回家后才点着火。通过这则故事，我们可以知道火对鄂温克人而言是神圣不可侵犯的。鄂温克人对火有很多禁忌，如不许用带尖的东西捅火，不许用水泼火，不许向火中扔脏物，不许女人从火上跨过，不许小孩玩火，不许用火吓唬狗等。

鄂温克人尤其重视对火的崇拜，认为火是永不熄灭的神灵，若谁家熄灭了火种，就意味着断了香火，将要断子绝孙。因此不论在何种情况下都非常注意保护火种，保证火种长生不息。鄂温克人敬火如神，在喝酒吃肉前，先要向火里扔一块肉，洒上一杯酒，然后才能进食。婚礼上新婚夫妇要敬拜火神，新媳妇进婆家首先要拜火，唯有如此才能正式成为家庭一员。祭火是每个家庭在春节期间必须进行的祭祀活动，腊月二十三这天是鄂温克族"火神回天"的日子，在吃饭饮酒前都要举行祭火仪式。在火位正面摆放祭品，周围铺上垫子，火架里放上羊骨燃起，并把祭品放进火里。这时主祭人呼叫"呼日耶"，其余人向火叩头，祈求火神保佑。

二、"奥米那仁"祭神会

古代鄂温克族的精神世界以萨满教为核心，其中又综合了万物有灵观念、图腾与祖先崇拜以及多神信仰的复杂因素。每一个氏族都有1～2个自己的萨满，鄂温克族萨满主要有两种：一是治病跳神，二是祈求神灵保佑。萨满信仰成为一种有效的组织力量，它和鄂温克人的情感紧密地结合在一起，成为用来对付不可预料事情的一种手段。

萨满的主要任务是祭祀祖先神灵、驱除灾害和疾病。"奥米那仁"祭神会是鄂温克人一项重要的宗教仪式活动，也是比较隆重的集会。

“奥米那仁”祭神会是由萨满主持的盛典，每隔3年的农历三四月间举行一次。集会仪式主要有两个内容：

一是老萨满领教新萨满。萨满人选一般从得了重病，或突然变得疯癫，后来又好转起来的人中物色。老萨满要教授新萨满，在老萨满的带领下，新萨满熟悉跳神等一系列宗教业务，掌握本氏族全部神灵的名字。3年之后，萨满的“舍温”（神灵）已经附体，新萨满才有资格为人治病和从事宗教活动。

二是祈求氏族、家族平安。萨满的职能是多方面的，在生产生活各个领域，萨满都要兢兢业业地为自已的族人祈福消灾。比如，为逝者家除污免灾、祭神治病、为婴儿追魂、祈求狩猎丰收、祈求驯鹿群健康发展等。祭神仪式在萨满家举行，“托如”为祭神树，即在院内立一棵桦树，屋内立一棵柳树，两棵树之间拉上一条“松那热”围绳，树枝上挂许多五颜六色的绸布条或布条。“奥米那仁”仪式中必须有两个萨满跳神，一个是本氏族萨满，另一个是请来的外族萨满，被请来的萨满为师。两个萨满来往于几棵树之间，有唱有跳，唱词除了祝告、祈祷词外，还有关于疾病医治、神灵附体等方面内容。集会时将全氏族的男女老幼都在两棵树的中间集合起来，用狍脖皮制成的皮绳子把人们紧紧围起来，如果皮绳

萨满作法 （斯琴挂提供，包路芳翻拍）

比原来短了，即预示将发生疾病或人口减少。每举行一次“奥米那仁”仪式，萨满神帽上的鹿角就要增加3杈。

不同地区的鄂温克人，“奥米那仁”祭神会的祭祀用品也各不相同。像牧区鄂温克人用牛作为祭品，使鹿鄂温克人用驯鹿作为祭品，但形式和内容基本相同。“奥米那仁”祭神会隆重热闹，新老萨满至少跳3天，是过去氏族精神生活的重要部分。它用一套仪式和程序把信仰和愿望联系起来，作为氏族共同的宗教活动，增强了氏族的观念，从血缘纽带上把同一氏族的人们更加牢固地维系在一起。

鄂温克族萨满，不仅是氏族的巫师，主管一切宗教活动，解释有关生、老、病、死、神、鬼的问题。一般还是氏族的头人（酋长），领导组织氏族的生产和生活，社会地位较高。现今的萨满在社会上一般没有什么特殊地位和权力，除了患病的人请萨满跳神赶鬼外，平常和普通人一样，在家从事劳动。有名望的萨满被请的机会多，所得的收入也多。萨满一年的收入是根据病人的多少而定，据说过去一个萨满一年的收入有几十尺布，几张皮子和几头牲畜。

使鹿鄂温克人的萨满是世袭的，且每个氏族都有自己的萨满，既有男性又有女性。老萨满死后其亲弟妹或亲生儿女来继承，若无嗣者，由萨满在自己氏族内选择继承者，萨满死后的第三年再出第二代萨满。从成为萨满的经历来看，或是出生时就有奇异的现象；或是久病长期不愈，后来竟然恢复健康活了下来；或是突然发疯，一度言行反常，如不怕水火，冬季不穿鞋乱跑等。人们就会认为这是祖先神灵看中了他（她），特意加以保护，让他（她）成为萨满的缘故。纽拉是使鹿鄂温克人的最后一位萨满，据她讲述：[①] 她的哥哥格在17岁时当萨满，不久病故，从此14岁的纽拉便神经失常，久病不愈。经萨满跳神治病

---

① 满都尔图，汪立珍，朝克著．鄂温克族萨满教卷．中国社会科学出版社，1999：138.

后，认为她当萨满才能痊愈。纽拉被疾病所迫，从16岁开始师从于布利托天氏族有名的女萨满敖力坎，经过3年苦练，18岁时正式成为萨满。20世纪50年代以后，萨满教作为封建迷信活动受到了限制。1964年的春天，为猎手们进行的“出猎仪式”是纽拉为使鹿鄂温克人进行的最后一次宗教仪式活动。纽拉于1997年7月去世后，就再也没有传人。现在的使鹿鄂温克人中已经没有萨满，最后一套萨满服和萨满鼓也被安放在敖鲁古雅鄂温克民族乡博物馆内。

直到20世纪中叶，呼伦贝尔地区从事游牧生产的鄂温克人，还实行牧场公有，以“尼莫尔”这一血缘集团形式合群放牧，生产互助等传统风尚一直保存下来，这为萨满教能够在牧区延续下来创造了客观条件。请萨满救助的人大多是因为以下几种情况：一是精神上出现问题，俗称“中邪”，这种多是医院治不了的疾病；二是请萨满举行占卜、祈福和祭祀活动，但现在已经很少有能完整跳神的萨满了。据粗略统计，目前鄂温克自治旗有5位萨满，陈巴尔虎旗有2位萨满，这7位萨满的平均年龄在55岁以上，年龄最大的已超过70岁，最小的也有40多岁。

三、喇嘛教的传入

清政府于17世纪中叶开始积极提倡信仰藏传佛教，即喇嘛教，并以行政命令进行传播。于是喇嘛教在蒙古族和鄂温克族生活地区得到迅速传播，形成了萨满教和喇嘛教并存的局面。呼伦贝尔草原的鄂温克族由于与蒙古族相邻而居，开始信仰藏传佛教，有的人家请了佛像，有的人家在办理丧事时要请喇嘛念经送葬等。条件较好、人口集中的一些地区还设立了与藏传佛教相关的寺庙或场所。当时鄂温克人医疗条件很差，生病后得不到及时治疗，喇嘛也通过给鄂温克人治病来宣传佛教思想，使鄂温克人对喇嘛教有了新的认识，萨满在他们心目中

的地位和形象有所改变。

当时清政府明文规定，入寺者可免供各种赋税、兵役和劳役，因此，不少鄂温克人为逃脱封建社会的各种压迫而进庙当喇嘛。清朝到民国年间，有资料记载当时呼伦贝尔喇嘛的总数达3000～4000名，处于喇嘛教的鼎盛时期。呼伦贝尔的牧业四旗共有寺庙42座，喇嘛2655人，其中，鄂温克旗有4座。[①] 这对于鄂温克族的传统宗教信仰、人生观以及意识形态造成了一定的影响，但起支配作用的，仍然是萨满教。

宗教仪式　（吴家多摄）

鄂温克族自治旗过去曾有一座喇嘛教的寺庙——呼和庙，在“文化大革命”时被拆毁。唯一仅存的锡尼河庙位于旗境内新锡尼河东苏木境内，主要由布里亚特蒙古族祭祀。

在历史发展过程中，鄂温克族萨满教受到周边蒙古族喇嘛教的影响，吸收了不少喇嘛教的因素，明显地带上了喇嘛教的色彩。喇嘛教

---

① 苏日嘎拉图编著．呼伦贝尔盟民族教育史略．民族出版社，2001：56.

在传入鄂温克社会的过程中也吸收了萨满教的一些文化因素，诸如，祖先崇拜、火神崇拜等。因此，鄂温克族的宗教文化就具有了萨满教和喇嘛教的双重特征，有些人既信仰喇嘛教，又崇信萨满教。在鄂温克人看来，萨满教与喇嘛教并没有根本的对立和冲突，在神学的意义上二者是相融的，只是祭祀的仪式和细节有所不同。不难看出，鄂温克族文化中借用或是移入的外来文化，都是在与原有文化的抗衡与妥协中找到了生成空间。喇嘛教与鄂温克族的原始信仰萨满教的观念和仪式交织在一起，贯穿在鄂温克族的社会和文化生活当中。

四、东正教的影响

伴随着与其他民族的接触和相互交往，居住在呼伦贝尔陈巴尔虎旗的部分通古斯鄂温克人和根河市的部分敖鲁古雅鄂温克人受到了东正教的影响，在服饰、语言、民俗活动中有很多俄化痕迹。

自沙俄势力东侵后，萨满教在鄂温克人中的传播和发展，就受到了东正教的阻碍和排挤。在 19 世纪末至 20 世纪初，俄国的一些牧师来到鄂温克人居住地区宣传基督教教义，当地人称东正教（基督教两大教派之一）。他们竭力想用东正教代替萨满教，并努力把东正教的思想传播到我国鄂温克人生活的地区。他们首先派牧师向鄂温克人宣讲东正教的好处，诸如有礼堂、有礼拜、有经书等，让鄂温克人将萨满教改为东正教。这种宣传没有对鄂温克人产生多大影响，他们仍然虔诚地信仰萨满教。

俄罗斯人看到怀柔性的宗教宣传没有动摇鄂温克人的萨满教信仰，便采用武力手段迫使鄂温克人放弃萨满教，改信东正教。他们无理闯入鄂温克人居住地，把住房内供祭的萨满教神偶抢下来，摔坏或烧掉。但俄罗斯人的强行手段仍然没有达到目的。据鄂温克老人回忆，当俄罗斯人强行搜查完走后，鄂温克人又重新供起萨满教的神偶，当得知

俄罗斯人要来时，赶紧收藏起来。在俄罗斯人强迫鄂温克人信仰东正教的过程中，据说有个俄罗斯牧师因为把鄂温克人家供祭的萨满教偶像给摔坏了，所以他的眼睛变瞎了。这个消息在俄罗斯人中广泛流传，从此俄罗斯牧师就不敢再闯入鄂温克人家，攻击萨满教神偶了。[①] 以后，他们又使用口头宣传的手段，向鄂温克人讲述东正教的好处，并且在婚丧嫁娶等日常生活中向鄂温克人推行东正教的信仰。如新生婴儿到教堂洗礼，起俄式名字，年轻人在结婚时拿耶稣像等。就这样，在强大的压力面前，一些鄂温克人被迫接受了东正教。[②]

使鹿鄂温克人在接触东正教前，人死后是进行风葬的。自从受到东正教影响后，才开始埋葬，在死者坟前插十字架。东正教传入的时间虽然不长，但还是有一定影响，即使现在也有在“仙人柱”里挂耶稣像的使鹿鄂温克人，人名也喜欢起俄化的名字。但使鹿鄂温克人所接受的只是东正教的一些仪式和偶像崇拜而已，它的教义并没有被接受。因此，在传统的使鹿鄂温克人的宗教活动中，萨满教的活动仍然是主要的。[③] 各地的鄂温克族长期以来一直把萨满教作为主要的宗教信仰。

如今，在山林中使鹿鄂温克猎民的帐篷和“撮罗子”里，在“玛鲁神”的位置上，有的什么也没放，有的则挂着毛主席像，也有的挂着圣母玛丽亚怀抱耶稣像。有的帐篷里严格遵守着古老的禁忌，而有的帐篷里，女子可以无所顾忌地随处走动。

第二节　独特的丧葬文化

鄂温克族的丧葬文化是传统文化的重要组成部分，丧葬仪式形式

---

① 汪丽珍．鄂温克族宗教信仰与文化．中央民族大学出版社，2002：97.

② 汪丽珍．鄂温克族宗教信仰与文化．中央民族大学出版社，2002：97.

③ 秋浦．鄂温克人的原始社会形态．中华书局，1962：98～100.

多样，内容丰富，展示了鄂温克人对灵魂和自然的崇拜，每一种丧葬形式都渗透着鄂温克人古老的宗教信仰和传统文化内涵。

一、树葬、火葬和土葬

在鄂温克人的信仰观念中，死亡永远包含着神秘的色彩，人的灵魂可以永远不死，永恒地留在人间。他们对死者的灵魂充满了怜悯、恐惧、尊敬等复杂的情感，为了表达自己内心深处对死者灵魂的抚慰，鄂温克人会对死者举行祭祀和各种仪式。

树葬是鄂温克人一种古老的葬俗，也叫风葬或野葬，这种丧葬形式与鄂温克人所处的地理环境和狩猎生产活动密切相关。树葬分两种：第一种是在大树的树杈上并排搭好树条，然后在上面铺上树枝，再把死者用桦树皮包好后安置于树架上；第二种树葬方法是将“死者置于天然树洞中，或是以刀、斧等工具在大树上凿一洞穴，把死者安葬于树穴内。”① 这两种树葬形式是鄂温克人早期狩猎生产的产物，认为树葬后死者的灵魂可以自由地顺着大树升入天堂。

火葬是鄂温克人又一古老的丧葬形式。火葬多用于因疯病或难产而死，以及因意外的天灾人祸而死的人。鄂温克人认为这些人是以肉体给灵魂带来灾害的人，所以，要把他们的尸体火化，经过圣火的洗礼，可以消除祸患和灾害，以此慰藉灵魂。

土葬是用木制棺材存放死者尸体，深埋土穴中，然后在上面覆盖土堆作为标记。从前，是请萨满跳神发葬，并请萨满引路。“坟地请萨满选择，并用一条白色新毡子铺在选好的坟地上，用锹起土为记号，以便按记号埋葬。事后，这条毡子献给萨满。”② 安葬时，将用金银铂纸做成的日、月埋在靠死者头顶前的地下，意为死者在另一个世界也

---

① 夏之乾．中国少数民族丧葬．中国华侨出版公司，1991：13.

② 乌热尔图主编．鄂温克风情．内蒙古文化出版社，1993：127.

有日、月照耀，充满光明。葬后第三天，还要在黄纸钱上写上亡者的姓名、日期以及祭者的身份，连同金银铂纸钱一起烧掉，烧时要在离坟地方向的数十米外，以后每年清明都要举行这样的祭祀活动。[①] 在过去，鄂温克人每个氏族有一个坟地，老一辈的坟地在最前面，紧接着按辈分依次往下排列。嫁出去的姑娘不能安葬在娘家的坟地，难产或得怪病死的人更不能安葬在坟地。至于萨满的土葬方法更为讲究，尸体不能放卧在坟地里，而是要坐放在里面，然后用石块堆成墓地，并在上面搭建一个柳条棚。安葬过萨满的地方，人们决不能在此地附近定居或宿营。

下一辈的人死后，如果有子嗣的，也要装棺上供，送葬时，由其晚辈或儿童牵牛；幼儿死后，用一白布袋装上，不埋葬，放到山坡的阳面草长得旺盛的地方；其他原因死亡的人，如被雷击死的人，请萨满跳神送葬，并用白布裹尸风葬。因为雷来之于天，应还雷回天，不能埋进地里；缢死的人则就地埋葬，不进行葬仪。如果吊死在树上，要把那根树枝砍断，将另一物挂起来（羊羔或鸟雀），认为是命运注定缢死，为不违反天意，所以要挂一个有生命的东西。

二、复杂的丧葬礼仪

鄂温克人认为人灵魂不死，所以对死者特别重视祭奠。当老人死后首先让死尸闭眼睛合嘴，认为眼嘴不合拢死者会不安于归天，惦记儿女，就会给儿女带来病灾。其次是把手和脸洗净，男尸要由死者的大辈或者同辈人给理发，女尸要梳头。再次是穿戴一新，大多数死者都穿新衣服，戴帽子，用呈文纸蒙上脸和手，双脚并拢。而后铺上褥子、枕头，安放在一人宽一人长的板子上，头前放一个供桌，供鸡和

① 内蒙古自治区编辑组．鄂温克族社会历史调查．内蒙古人民出版社，1986：483.

猪头以及各种糕点食品，烧香，晚间点燃长明灯。给死者点烟，把烟锅掖在枕头上①。

烧化箔纸币的仪式叫“其萨拉仁”，由一名老辈人和同辈年长者唱说：“×××（叫名）：明灵的话知道吧，明魂的话明白吧。你的儿女为你烧化着三把香和三包纸币，三杯酒，请收下吧。你来有时，去有期，已按期归去，不要留恋，不要回头，把你的福寿和财富留给你的儿女吧……”在停尸送葬之前，白天黑夜都有人伴尸守灵，儿女媳妇和晚辈人不能坐在炕上，都要铺上皮褥子席地而坐。姑娘和儿媳妇把发辫及挽的发髻放下来，用白布扎发，头上戴白巾；儿子可以戴帽子，但在帽子上缝一条白布，全身白孝衣，鞋上也缝块白布。多数在死者逝世的第三天出殡，冬季也有的富贵人家要留五至七天，看气候而定。在夜间守灵时，请专人讲故事，叫作“尼莫哈西仁”，是一种说唱形式，讲一句，在一旁有人随唱。说是给死灵讲故事听，其实是守灵人听故事消磨时间。出灵要选吉日，在选定的吉日晨出殡。

如果死者儿女双全，众人抬着棺材到坟地，儿子抬头和脚部位。在中途可以换肩换人，但不能放在地上，不能停留。一个氏族一个坟地，老辈尸体在上首安葬，再按辈分依次往下坡延伸，配偶中有长寿人在世时，则给他在同辈葬地间留一块安葬地。姑娘嫁出前死在娘家的不能葬在坟地，难产死者不能入坟地，大部分火葬。说产妇是不洁不净之人，烧化以洁灵魂。婴、幼儿死尸随便扔掉，不能加入坟地。萨满可以入坟地，但不能埋葬，把萨满鼓挂在村旁，烧箔纸银元，往火里扔各种食品，儿女在脚下跪磕、痛哭。

入殓也很讲究，在棺材里铺干草，棺壁贴上日月，东侧日，西侧月。放用帆布袋盛装的五谷、小船和小桨，放豁口的锅、筷和碗，烟和烟袋。而后把死尸就着褥子抬到棺材里，不让死尸照着太阳，抬出

① 乌热尔图主编．鄂温克风情．内蒙古文化出版社，1993：129.

门时用被子或毯子在死尸上方挡住日光。放到棺材里后揭开蒙面纸，叫儿女和所有亲人看死者一面，以示最后告别。如果是女尸，一定要等到娘家人到来才行入硷仪式。死者入殓时穿的服装不能有毛制品和皮制品，认为皮和毛是有灵之物，怕这个有灵之物向死者讨还，就连毛布料子都不能用于随葬。当安葬队伍回来进大门时，儿女辈一字排开跪迎送葬之人，在大门旁放几盆洗手水，每人必须洗完手才能进院。然后摆宴招待送葬的人，儿女向每人敬酒跪下磕头。第三天再到坟地烧化箔币，箔币都装在纸钱搭子里，注明数目、寄谁、哪年哪月生人、哪年哪月亡故等都要写清楚。家里在死者躺过的位子上放一块石头压一段时间，不能空着。

过去牧区鄂温克人的葬俗中，当一位老人走完了艰辛一生后，子女们及全家族的人都聚集到一起，为死者换上丧服，祭上供物，烧纸、叩头，发葬前将遗体放进棺内。夏季，多为当日发葬，春冬季节在家停灵数日。送葬时，用牛车拉，头向西北，面向日出方向。儿子牵着牛徒步走，侄子近亲等都走在后面，路途远近，都不能骑马，以轮换赶车献上孝心。如果过河，则必须往河里扔食物和纸钱。[①] 鄂温克人用这种方式拜祭神，请水神保佑出殡活动平安顺利。

送葬 3 天后，死者家的鄂温克包要向前移动一下，同时在原址死者的铺位上放一块石头，撒一些稷子，认为这对子孙后代吉利。死过人的包址，决不能再用，如住土房，则要请萨满除污。3 年内，每逢春节“阿涅”，将一红或黄色方形褥子，放在老人在世时的铺位上，前面放上桌子，祭以供品，近亲及儿女们叩头行祭。双亲故去后，戴孝期间，女子不结头绳，不穿艳服，男子不得理发、刮脸。同时，儿子还要扎白腰带，对母亲，白腰带的一端从腰间向上，通过右肩而夹到腰背上，意味着慈母是打开右襟的纽扣，用鲜美的乳汁喂大了自己，所

---

① 内蒙古自治区编辑组．鄂温克族社会历史调查．内蒙古人民出版社，1986：483.

以儿子要用此重孝来感恩；对父亲，腰带的一端由腰间通过左肩而夹到背面的腰带里，意味着感谢父亲用肩力负担了对自己的养育之恩。[①]儿媳和出嫁的姑娘，白腰带的扎法是不通过肩上。

正在念经的喇嘛　（包路芳摄）

鄂温克族丧葬礼仪最早受萨满教影响，后来受藏传佛教和东正教影响，所以在安葬方式、入殓、吊唁及送葬活动等方面，不同地区的习俗不尽相同。入殓安葬时，受佛教影响的，请喇嘛念经或到寺庙念经。陈巴尔虎莫勒格尔河流域的通古斯鄂温克人，由于受东正教的影响，发葬时由牧师念经引路，并用“刚嘎”（香篙）草煮水洗死者的躯体。埋葬后，遗族要到教堂登记，证明死者的姓名、年龄和亡日，请牧师念经，意为给死去的亲人指路，引向光明大道。无论死者是何人，他们没有戴孝的习惯。使鹿鄂温克人在为死者装殓时，会在木棺里放一个耶稣像和四块点心。送葬前，杀一只或两只黑色的驯鹿，在已经搭好的 4 个柱子的棚里，将驯鹿的头朝日落的方向摆上，意为驯鹿驮

① 内蒙古自治区编辑组．鄂温克族社会历史调查．内蒙古人民出版社，1986：483.

着亡者走向另一世界。死者没有固定的坟地，死在哪里，就葬在哪里，一般是在近处选择小山头埋葬。然后在坟前立一个十字架，十字架因死者的年龄、性别的不同也有所区别。在离开坟地前，送葬的人们在坟旁生烟，并绕着十字架走三圈，意为洗污，否则会打不到野兽。

使鹿鄂温克人认为人死后，灵魂并没有死去，只是离开这个世界到另一个世界去了，那个世界更幸福、更美好。但途中有一条很深很深的血河，生前行善的人路过时，有桥可安全通过。而曾行恶的人却无桥通过，河中只有一块石头，跳不过去就掉进无底的深渊中，再也出不来了，连灵魂也死掉了，这才是人的彻底死亡。缢死的、枪杀的、难产死的、被熊咬死的人都到不了那个世界。小孩死后，不去这个世界，而是飞到“玛姆”去（上天的意思）。[①] 在使鹿鄂温克人看来，动物也会死，人们会吃动物，动物也可以吃掉人类。对死亡并没有哭天嚎地，比较安静淡然。这也许是在传统生活方式下，恶劣的生存环境导致死亡成为比较经常的事情，因此，他们并没有把死亡看得多么可怕，多么不能承受。

第三节　崇尚自然的地方性习俗

生活在深山密林和广阔草原上的鄂温克族，在长期的生产生活实践中积累了丰富的经验，总结出了一整套崇尚自然的地方性习俗，实现着人与自然的和谐共生。

一、日月星辰里的时间

鄂温克人根据自然界的变化、动植物的生长特点和规律，对于时

---

① 乌热尔图主编．鄂温克风情．内蒙古文化出版社，1993：129.

间、距离、度量衡、方向、预测年成、气候等形成了独具特色的判断方法。

在渔猎经济时代，鄂温克人主要靠太阳和星星来计时。白天按“天刚亮”、“太阳出来”、“太阳到西南”、“太阳要落了”等来计时；冬天夜里主要观测星星而将夜分成三段时间：“三星出来”、“三星偏西”、“三星要落”。狩猎地区的鄂温克人，把太阳正南时叫“找狍子的时间”，太阳刚出时叫“打犴鹿的时间”，太阳偏西南叫“吃饭的时间”。此外，日常也用“吸一袋烟的功夫”、“煮一锅茶的功夫”来形容很短的时间。

鄂温克人主要以星位和太阳的位置判定方向，如北斗七星出自东北方向，三星出自东南方向，晓星在早晨放亮前出自东南方；天河是东北—西南的一条宽线，四季方位不变。日、月是从东方出来，猎区把“日出的方向”称东，“日落的方向”称西，“中午太阳的方向”称南，“太阳到不了的方向”称北。

传统观测天气的方法，主要依据方向、节气及自然界的各种变化。如从东南方向下雨，一定是大雨；从西北刮风时，不会下雨，从西北开始下雪。太阳和月亮的周围出现光圈，是变天的预兆，将会刮风、下雪或下雨，且一定下得多；夏季白蝶多，冬季多雪。夏季小鼠洞多，冬季少雪；清明这天刮风，春天必有大风。清明下雪，春季要降大雪。预测年景好坏，是在农历十二月二十四日，在天亮之前看南斗星和月亮的位置。月亮在南斗星的左上边，认为来年要涝；月亮在南斗星的右上边，来年要旱；月亮在南斗星的中间或下边时，一定是风调雨顺的好年成。

在渔猎经济时代，鄂温克人对于气象、方向等自然科学知识，有自己独到的见解和解释。他们依据渔猎生活中动物、天体的特点与变化规律，来总结气象与方向知识的变化，并形成简洁精练的谚语。如

气象谚语：额坡皮鸟叫冬天到，布谷鸟叫春天到，黄鹏鸟叫山林披绿。听到蛙叫，认为是年中最好的时节，牛奶里的脂肪质多了。在远古狩猎时代，鄂温克人以动物的叫声和太阳、月亮、星星的出没来判断自然世界中的气象和方向，这种以大自然为自然科学知识的依据，恰恰反映出鄂温克人对大自然无比崇拜的思想观念，也是鄂温克族传统文化的根基。

二、有所为有所不为

与宗教信仰相关联，鄂温克人在狩猎、捕鱼、放牧，以及婚姻、丧葬等生活习俗方面，有着各种各样禁忌。有的禁忌随着时代的发展，已经不复存在。在生产力落后的条件下，鄂温克族不仅要面对来自自然界的饥饿与死亡，还要面对民族内部对生存资源的争夺及外部势力对本民族的掠夺与征服。因此，为了抵御这些力量的威胁，最大限度地消除它们对鄂温克族生存与发展的危害，就必须从社会发展的角度不断进行调适，以弘扬优良传统和伦理道德、规范行为，维持稳定的生产生活秩序。

狩猎期间，严禁猎人内部出现不团结的行为，必须听从行猎长“塔坦达”的指挥，这样才会有好运气；出猎期间禁止告知猎人的打猎地点和方向，认为野兽的肩骨中有孔，有先知的本领；出猎时忌讳说大话空话，禁说“我一定能捕获到什么野兽”等，否则什么也捕不到；狩猎期间禁止大声喧哗，吵吵闹闹，更不准唱歌，否则野兽就会吓跑；狩猎宿营时禁止往火堆里洒水或吐痰，否则会触犯“白纳查”山神，什么也捕不到；出猎前，猎人绝对禁止进入产房，认为那里脏污，捕不到野兽；出猎前，禁止往去的方向打枪射击，否则野兽远远逃去；出猎时不准打杀鸿雁、天鹅、乌鸡等，认为这样会不吉利。

在狩猎时发现了别人打死的猎物，不但不据为己有，还把野兽放在显眼的地方，以便他人来取；若两个猎组不期而遇，一定要搞好团结，不能争夺猎场，要联合起来出猎，统一分配猎物，但只能联合出猎两次就必须分手。若是违反这些行为规范，必然要引起争执，一旦双方发生流血冲突，很容易相互残杀乃至发生战争；对待猎物的分配，各地有着各自不同的办法，但是基本方法是一致的，即集体出猎打回来的猎物，不管是谁打的，也不管谁打的多少，一律按参加人数平均分配。如果遇上外人来时，不论认识与否，都要分给一份。此外，还要留出部分猎物，分给那些不能出猎的孤寡老人。分配时不得自己挑选，一律由行猎长进行分配。行猎长也和大家一样，不能多分，相反，他总是要猎物中最次的一份；单独出猎打回来的野兽，皮张属于自己所有，兽肉则要分给别人一些。鄂温克人通过遵守这些道德规范，不仅稳定了社会秩序、增强了民族凝聚力，还维护了民族内部的统一和团结。

在游牧生活中，牧民禁止洒掉奶食品，认为奶子是宝贵的，象征福气；禁止杀掉未停奶的母牛和母羊，认为有怨不吉利；禁止谩骂牲畜；不准宰杀脖子上带绳套的羊；禁止吃病死的家畜肉，认为有病毒传染；不许拿刀子走进牲畜圈内；春季禁止用牲畜的腮骨做游戏，因为春季是牲畜下崽期，如果玩腮骨的话，生下的小崽腿会歪等。

鄂温克人在日常生活中也有很多禁忌。有敬老爱幼的传统，如禁止虐待老人，父母在世时不得留胡须；鄂温克族长幼之间恪守着严格的礼节，老年人普遍受到社会的尊重，每当年轻人见到长辈时，总要施礼问安和敬烟等，如果是骑在马上还要下马问安。吃饭时，晚辈必须等长辈先动筷才可吃饭。鄂温克族讲究礼节，非常好客，家中来了客人被认为是喜事，通常的礼节是屈膝、侧身、拱手作揖等。

第五章

人口的起伏与变迁

作为鄂温克族习惯法的氏族外婚制，有助于鄂温克族身体素质的提高，使他们能够在同大自然的斗争中发展壮大。艰苦的狩猎和游牧生产，在很大程度上受自然选择法则支配，不仅需要鄂温克人机智勇敢，还必须具有强健的体魄。正如一首民歌唱的那样：

> 是猎人就不怕爬冰卧雪，是猎人就不怕与猛虎做伴。要是没有日行百里的快腿，就不要冒充猎人。要是没有百发百中的枪法，就算不上堂堂的打猎汉！

鄂温克族人口曾经经历了艰难的跌宕起伏历程，纵观鄂温克族的历史，我们可以看出，这是一部由人口变迁到社会变迁的历史。

第一节　曾经苦难深重的民族

根据《明实录》的记载推算，明末清初，鄂温克族三个部落集团的人口数估计接近 4 万人，这在历史上可算是鄂温克族人口兴旺的一个时期。到1947年，全国鄂温克族剩5238人，其中内蒙古自治区鄂温克族为4638人，黑龙江讷河县及其他地区总共约600人。与清朝初期相比，人口约减少80%。① 在不到3个世纪的时间里，鄂温克族人口竟如此锐减，我们可以想象这个民族曾经经历的磨难和曲折。

一、征战与灾害下的人口锐减

鄂温克族的体格特征表现为：中等身材，圆形脸庞，牙齿整齐，皮肤黄，头发呈黑色，两颊突出，鼻子扁平，嘴唇略厚。鄂温克人的视力普遍都非常好，很少得眼病。这是因为鄂温克人居住的自然环境多森林，森林中风沙小，可以减少对眼睛的伤害。此外，也与饮食有关。鄂温克人经常吃狍子肝，狍子肝最养眼睛。长期的狩猎生活，使鄂温克人的听力也非常敏锐，能够听到细微的草动以及树叶下落的声音，能分辨出各种动物的脚步声。在鄂温克人的传说中，他们的祖先叫“艾莫日根”（“好猎手”之意），由于长期步行狩猎锻炼，具有腿脚灵活、行走飞快的特点。狩猎和游牧相结合的生产、生活方式下的鄂温克人，具备了健壮的身体，不畏艰苦的性格，超常的视觉和听觉功能，以及机敏的反应能力，百发百中的骑射本领。清朝统治者正是利用鄂温克人能骑善射、体格健壮这一特点，维护自己的统治和巩固政权服务。

在巩固边疆，维护祖国统一的战争中，鄂温克族做出了巨大贡献。嫩江流域的鄂温克族对清政府的一项重要义务就是当兵出征和驻防。早在黑龙江流域时，鄂温克族就以精骑善射和能征贯战而闻名。“索伦劲旅闻天下”，编入八旗的鄂温克族官兵，必须参加巡逻边境、驻守国境线卡伦和驿站传达的任务。由于鄂温克族将士骁勇善战，经常要被

---

① 沈斌华，高建纲．鄂温克族人口概况．内蒙古大学出版社，1991：49～51.

清政府征调到全国各地区征剿和驻防。清代频繁的战争，使鄂温克族人口大幅度下降。自康熙年间以来至光绪的200年中，鄂温克族官兵先后参加过67次大的战役，转战20多个省份，近者在瑷珲、莫尔根、齐齐哈尔、呼伦贝尔等地驻卡巡边；远者达新疆伊犁、台湾、西藏、大小金川等地。其中有抵抗侵略战争，有平息地方暴乱和叛乱的行动，也有镇压农民起义的战斗。鄂温克官兵驻防，往往都是带家属，当时的新疆伊犁等地，都有带家属的鄂温克官兵驻防和经营屯田。军事性人口迁移流动频繁、规模大，这是当时鄂温克族人口迁徙的重要特征。

但战争也使鄂温克族失去了无数的人口，由于长年征战，许多鄂温克族士兵血洒疆场。加之各种灾荒，造成鄂温克族人口锐减，生活贫困。据《黑龙江志略》记载：有清一代征调鄂温克官兵数统计六万七千七百三十有奇，鄂温克士兵大部“效命于疆场，其庆生还者十不一、二，不死于战争的刀枪，即死于……瘴烟之地”。频繁的征调及大量的牺牲，使鄂温克族的丁壮人口日益减少，生产生活每况愈下。传说在雅鲁河一带，鄂温克族男子都被抽去当兵，当地的驿站全部由戴孝的妇女和老太太哭着送公文。[①] 到清朝末年，鄂温克族已“积贫成弱，实有不能整饬之势。”[②] 频繁的战争不仅使人口减少，而且直接影响人口再生产的正常进行。青壮年男子大部分在外征战，长达数十年之久，长期不能归乡，能回故里者，多半非老即残。在人口的繁衍难以为继的情况下，鄂温克人不得不让妻子到驻军的兵营外，搭上帐篷或在棚车里和妻子睡几宿，在民间被叫作“取孩子”。[③] 鄂温克族出征官兵大部分战死疆场，造成人口数量急剧下降。

鄂温克族陆续南迁编入八旗之后，嫩江地区连年发生自然灾害，[④]

---

① 《鄂温克族简史》编写组．鄂温克族简史，内蒙古人民出版社，1983：76.

② 徐宗亮．黑龙江述略．黑龙江人民出版社，1985：73.

③ 《鄂温克族简史》编写组．鄂温克族简史．内蒙古人民出版社，1983：72.

④ 沈斌华，高建纲．鄂温克族人口概况，内蒙古大学出版社，1991：53.

鄂温克人流离失所，死伤很多。连年征战，加之自然灾害频繁，导致鄂温克族社会经济发展长期停滞不前，人口数量和质量下降。

二、殖民统治下的人口浩劫

1931 年“九一八”事变后，日本帝国主义侵占我国东北地区，残酷迫害当地人民，鄂温克族遭受了历史上前所未有的浩劫。日本侵略者挑拨鄂温克族内部及与其他民族的关系，制造互相残杀事件，对各族人民采用了法西斯的军事统治政策。他们规定鄂温克青壮年都服兵役，凡到一定年龄，就应征当伪“国兵”，受军事训练。在靠山区的鄂温克人还被编入“山林队”，由日本指导官严加控制。当日军与抗日联军作战时，就强迫鄂温克人当炮灰。日本侵略者对鄂温克族采取了灭绝政策，唆使很多鄂温克青壮年吸鸦片、注射吗啡，使许多鄂温克人逐渐丧失了劳动能力，免疫功能严重受损。过去阿荣旗查巴奇一带流行伤寒、天花、麻疹、克山等疾病，还有鸦片中毒。1943 年查巴奇的鄂温克人因天花和伤寒病流行，死亡 107 人，其中包括 70 个大人和 37 个孩子，吸鸦片的人几乎全部死去。①

日本侵略者还以种痘、打预防针为名，拿鄂温克人进行细菌试验。1944 年，日军在三名鄂温克族青年身上注射伤寒病菌后放回辉河流域，结果引起 200 多人死亡，有不少人家出现了死绝的情况。牧民被迫烧掉死尸和鄂温克包，外人都不敢进入辉苏木。在日本帝国主义残酷压迫下，鄂温克族居住地区卫生条件极端恶劣，各种疾病广泛流行，妇女疾病和儿童疾病也四处蔓延，造成鄂温克族人口急剧下降。辉河两岸的鄂温克人从 1931 年的 3000 人，下降到 1945 年的 1000 多人，人口减少近 2/3；阿荣旗团结嘎查，“九一八”事变前曾有 150 人，到

① 沈斌华，高建纲．鄂温克族人口概况．内蒙古大学出版社，1991：54.

日本投降前夕只剩下 90 人，净减 40%。[①] 据 1940 年伪满人口“普查”，全东北索伦族人口只剩 5000 人，当时定居的索伦族人口出生率为 40.8‰，死亡率为 47.4‰，自然增长率为-6.6‰，婴儿死亡率高达 265‰。游牧的索伦族出生率为 21.7‰，死亡率为 28.3‰，自然增长率为-6.6‰。[②] 这个数字反映了在日本帝国主义侵占时期鄂温克族的人口状况。

额尔古纳奇乾乡的使鹿鄂温克人中，天花、伤寒、麻疹、回归热等各种疫病侵袭蔓延，造成人口死亡率上升，人口逐年下降。从现有历史记载的资料来看，使鹿鄂温克人最初从俄罗斯迁徙来中国时，有 700 多人。但是随着 19 世纪初期沙俄势力向西伯利亚扩张，他们平静的生活受到侵扰，人口有所下降。特别是在日伪统治时期，为了奴役鄂温克人，曾在奇乾东北方约 90 里的布洛固鸠山上，筑了一所营房，强制鄂温克族青壮年集中在那里，受军事训练或教日本语。习惯于游动生活的鄂温克人，因生活方式改变，又无医疗设施，感染上了肺结核和各种结核病，威胁到整个民族的生存。从 1937 年开始，在使鹿鄂温克人中蔓延传染性肺病，到 1947 年的 10 年之间，因患肺病死亡的达 64 人之多，期间因其他疾病死亡的有 47 名，共有 111 人死亡，只剩下 32 户。[③] 日本帝国主义 14 年（1931～1945 年）的罪恶统治，成为这一时期鄂温克族人口下降的主要因素，这种人口逐年下降趋势严重地威胁着鄂温克族的生存。

面对压迫，鄂温克族人民进行了英勇斗争，他们积极参加东北抗日联军，为抗联当向导、送粮食、护养伤员，并自动组织猎民武装，打击日本侵略军。抗日战争胜利后，鄂温克族青年知识分子积极参加

---

① 沈斌华，高建纲．鄂温克族人口概况，内蒙古大学出版社，1991：54.

② ［日］三浦运一．中国东北的蒙族人口．载《中国卫生统计》，1985（2）.

③ 《鄂温克族简史》编写组．鄂温克族简史．内蒙古人民出版社，1983：129.

革命，还参加了辽沈战役和解放西南的战斗，同各族人民一道迎来了中华人民共和国的诞生。

三、疾病流行下的人口

新中国成立前，鄂温克族地区卫生条件很差，几乎没有一个医疗卫生机构，得病就请萨满来治，遇到疾病流行人口就会大批死亡。1908 年，额尔古纳河畔奇乾乡的鄂温克人中发生了严重的传染病，死了 90 多人，绝了 9 户，原因是俄国人卖给鄂温克人的衣服、鞋帽等都是死者的衣物，所以鄂温克人得了传染病；1916 又发生一次传染病，死了 38 人，绝了 5 户。① 到 1957 年，鄂温克族社会历史调查的资料显示，使鹿鄂温克人只剩下 32 户 136 人，人口逐年下降，呈现出从高峰到低谷的状态。

在半山区，克山病对鄂温克族人口的危害最大，特别是生过小孩的妇女死亡人数很多。因为女性人口少，寡妇有嫁三次至四次的。20 世纪 50 年代的调查中，阿荣旗查巴奇乡 20～55 岁的独身鄂温克族男子共 34 人，其中，有 14 个人的妻子都是因病而死，因为性别比例严重失调，所以一直找不到媳妇。其他 20 个人则是没有可结婚的对象，全村只有一个 15 岁女孩没结婚。②由于鄂温克族妇女死亡过多，人口再生产难以正常进行。新中国成立前，由于天灾人祸、传染病流行、生存环境严酷等原因，鄂温克族人口呈直线下降趋势。

因为鄂温克族实行氏族外婚制和一夫一妻制，通婚上有很多限制，氏族之间有因不融洽拒绝通婚的情况。同时，各部落之间距离遥远，相隔二三百里，每年定期到城镇进行交易时才能见面，一年仅三四次，每次相聚日期仅十天左右，接触机会太少，对于通婚也构成限制。此

① 《鄂温克族简史》编写组．鄂温克族简史．内蒙古人民出版社，1983：119.

② 内蒙古自治区编辑组．鄂温克族社会历史调查．内蒙古人民出版社，1986：102.

外，迁移不定的狩猎和游牧生活，也增加了通婚的难度，因此，鄂温克族通婚圈范围狭小，彼此之间多有亲戚关系，极大地影响到了鄂温克族人口素质的提高。

第二节　人口的回升与稳定增长

鄂温克族人口下降趋势直至1947年之后才有所改观。1947年5月1日，内蒙古自治区人民政府成立，为呼伦贝尔的社会民主改革开辟了道路。新中国成立后，党和人民政府帮助鄂温克族恢复和发展生产，鄂温克族人口也开始稳步增长。1953年第一次全国人口普查时，鄂温克族人口有6200人，1964年“二普”时有9681人，1982年“三普”时有19 398人，1990年“四普”时有26 315人，2000年“五普”时，全国鄂温克族人口有30 500人，再到2010年“六普”时，全国鄂温克族人口已经达到了30 875人。可见，鄂温克族人口逐步回升，并实现持续稳定增长。

一、政府的介入与努力

鄂温克族人口的回升是与政府控制和消灭各种疾病的努力分不开的。新中国成立后，鄂温克族受到党和政府的特殊关怀与照顾，建立起各种卫生医疗机构，开展疾病防治工作。在鄂温克地区基本建成了医疗卫生防疫网，克山病得到控制，旧社会流行的瘟疫已经绝迹。1950年，在鄂温克族人口最为聚居的辉苏木建立了卫生所。从1952年开始，地方政府大力宣传和推广新法接生，并为当地培养了助产士与保健员各一名，还训练了一批不脱产的接生员。1956年鄂旗妇幼保健站建成之后，开始有鄂温克族孕妇住院分娩。1949年只有28%的孕妇用新法接生，而到1957年已经上升为到93.7%，基本上消灭了产妇得病和婴儿死亡现象。1950～1957 年，鄂旗共增加了 1596 个孩子，平均每年增加 199 名。[①]

到 1958 年时，鄂温克族自治旗已有一所人民医院，四个卫生所，两个妇幼保健站，一个民族卫生工作队，从事卫生工作的人员 41 名。[②]在对疾病治疗的过程中，注意用卫生知识进行宣传教育，除口头解说外，还用各种模型、图片以及现代化的科学仪器进行示范。医疗工作队曾用数台显微镜化验病菌，让病人观看，以此证明疾病不是神鬼入寓，而是病菌传染。过去鄂温克人得病只能依靠萨满跳神赶鬼，卫生机构的设立和卫生知识的宣传，使得鄂温克人对萨满的信仰冲淡，有病不再请萨满跳神了。甚至连萨满自己也说："现在'玛鲁'（神）不好请了，请来时常越空而过，不下来，可能是害羞了！因近两年有病的人们，一喝药注射病就好，跳神未必那样有效，所以没脸再见了吧。"[③] 医疗条件的改善，也极大地淡化了萨满教的影响。

为了帮助使鹿鄂温克人生存和发展，党和政府采取一系列措施给予全面关怀，特别是对于他们的卫生情况极为关注。采取了各种措施，先后由自治区、盟、旗党政机构数次组织了医疗队，为鄂温克人医病、种痘，开展各种预防注射。考虑到猎民们面临的疾病威胁、居无定所等情况，地方政府于 1953 年 8 月间，在奇乾为鄂温克人设立了专门的民族卫生所，派遣专业人员，并配备现代医疗设备，对猎民开展免费医疗。鄂温克猎民生活逐渐改善，疾病减少，人口死亡率降低。

自 1956 年始，少数猎民开始定居，1957 年，在奇乾成立了鄂温克民族乡，鄂温克猎民有史以来第一次当家作主，开始了由单一的游猎经济生活模式向多种经济模式的发展。猎民的死亡率得到了一定的缓

---

① 内蒙古自治区编辑组．鄂温克族社会历史调查．内蒙古人民出版社，1986：476.

② 内蒙古自治区编辑组．鄂温克族社会历史调查．内蒙古人民出版社，1986：476.

③ 内蒙古自治区编辑组．鄂温克族社会历史调查．内蒙古人民出版社，1986：165.

解，人口数量在徘徊中增长，至1961年人口数已经达到159人。从20世纪50年代初期到1965年，国家分别在奇乾和敖鲁古雅建立了民族初级小学、卫生院、俱乐部等服务设施。1965年9月23日，36户猎民全部搬迁到满归镇以北约17公里的敖鲁古雅猎民村。从此，鄂温克猎民结束了漂泊不定、居无定所的游猎生活，开始了崭新的生活方式。这对于发展鄂温克猎民的文教卫生事业，保障猎民的身体健康，从而为人口增长、经济发展奠定了坚实的基础。这一历史变迁结束了使鹿鄂温克人20年来人口徘徊不前的局面，民族人口进入了发展回升的阶段。经过了20年的发展，至1985年年末，敖鲁古雅鄂温克民族乡的鄂温克猎民人口已由定居时的137人增加到199人（包括在外地居住的34人），人口上升了45.3%。①

1985年以后，随着改革开放和党的民族政策的不断深入和实施，党和政府对使鹿鄂温克猎民的关注度日益增强。敖鲁古雅使鹿鄂温克人在实现定居的40年里，人口缓慢回升，且在一定程度上有所发展。

敖鲁古雅鄂温克民族乡　（王卫平摄）

① 董联声．中国最后的狩猎部落．内蒙古人民出版社，2007：31.

二、国家政策的影响

新中国成立后，国家采取了鼓励少数民族人口发展的政策。1949～1961 年，国家鼓励少数民族地区妇女多生子女，对多子母亲授予“模范母亲”的称号，并给予津贴补助。草原牧区一向人口稀少，不单单要有牲畜的繁殖，同时也要有人口的繁殖。当时的鄂温克族妇女生八九个孩子的母亲非常多，政府对此都会奖励面粉、布匹、砖茶等日用品。那时的历届那达慕大会都会把奖励多子母亲作为一项重要内容，以支持和鼓励少数民族发展人口。1950～1961 年的 10 年间，鄂温克族人口出生率由 28‰提高到 54.3‰，死亡率由 39.7‰下降到 9.9‰，人口自然增长率由-10.9‰提高到 44‰。①

1949 年 10 月，在鄂温克草原掀起群众性的清洁运动，力求改变过去的不卫生习惯。同时掀起轰轰烈烈的识字运动，很多牧民开始学习文化，初步养成了饭后洗刷餐具、挤奶前洗手、夏季有防蝇防尘设备等习惯，改善了鄂温克人的卫生环境。卫生事业的发展为牧区鄂温克族人口的兴旺提供了保证，而人口的兴旺又为各项事业迅速发展创造了条件。1964～1982 年，内蒙古自治区境内四个主要少数民族的人口平均增长率，鄂温克族为 3.9%，位居第一；其次为蒙古族，为 3.3%；鄂伦春族和达斡尔族并列第三，为 3%。在此期间，全国少数民族人口增长 68.4%，而内蒙古自治区鄂温克族增长了 100.5%。鄂温克族摔跤手多次在盟、旗举办的那达慕大会上取得好成绩，并为国家和自治区输送了许多优秀摔跤运动员，这也在一定意义上反映了鄂温克族人口体质的增强。

鄂温克族人口的增长是多种因素作用的结果，除自然增长率提高

---

① 鄂温克族自治旗史志编辑办公室编．鄂温克族自治旗 30 年．内蒙古人民出版社，1988：203.

以外，民族混合家庭的增长是一个不容忽视的因素。在鄂温克族地区，鄂温克族与其他民族通婚，其子女一般都申报鄂温克族成分。民族成分的改变也是导致鄂温克族人口迅速增加的一个因素。党的十一届三中全会以后，民族政策进一步落实，一些过去填报其他民族成分的鄂温克人，重新改报鄂温克族。据统计，1982 年上半年，鄂温克族人口中由其他民族转化过来的就有 2700 人左右。

剽悍的鄂温克摔跤手　（包路芳摄）

三、生育意愿的转变

在传统牧业社会，家庭财富的增长与家庭劳动力的数量直接相关，劳动力数量成为衡量家庭实力的一个主要指标。1949 年前后，鄂温克牧民普遍认为“早生儿子早得力”，一般男 20 岁、女 18 岁左右就结婚，一个妇女平均生育七八个孩子。在传统的早婚早育、多子多福的生育观念影响下，1987 年时，鄂温克族自治旗生育最多的一位鄂温克族母亲 57 岁，一生共生了 18 胎，存活 13 人，她从 17 岁起生第一胎，46 岁生最后一胎，平均每胎间隔为 1 年零 4 个月。尽管生育子女数多，并不等于说她们就希望生得越多越好，“没有办法，过去想少生也难！”[①] 在当时的条件下，很大程度上也是身不由己。随着社会经济的

① 沈斌华，高建纲．鄂温克族人口概况．内蒙古大学出版社，1991：190～191.

发展和计划生育政策的实行，牧民的生育观念发生了很大转变，这些都动摇了传统的生育观念，子女不再是唯一的精神支柱。

启动“幸福工程”　（索龙格摄）

一对夫妇只生一个孩子已经成为很多年轻夫妇的自觉选择，鄂温克族家庭结构和家庭规模渐趋小型化就说明了这一点。根据 1992 年的调查，鄂温克族自治旗核心家庭占 63.5%。[①]“五普”时，家庭规模总人口达到 3.26 以下，比“四普”时的 5.7 人降低了 2.44 人。近 5 年来，自治旗人口出生率一直稳定在 7.5‰左右。19 岁以下、35 岁以上每千名育龄妇女中生育数不足两个。早婚早育、多孩生育人数基本杜绝，结束生育年龄已提前到 35 岁。这说明自治旗境内各族育龄妇女的生育观念、生育模式已经发生了根本性的变化。

2009～2011 年的鄂温克族自治旗的鄂温克族人口共出生 359 人，其中一孩 262 人，二孩 87 人，三孩 10 人。从一孩、二孩、三孩数量

① 孙兆文等. 中国国情丛书——百县市经济社会调查·鄂温克卷. 中国大百科全书出版社，1993：517.

对比看，生育人数相差悬殊，这说明鄂温克族放弃生育二孩和三孩的家庭很多。

2011年，鄂温克族自治旗人口计生委开展了“鄂温克族生育意愿”的调研，调查对象的年龄均在育龄人群范围之内，其中30周岁以下的156人；30～39周岁的302人；40～49周岁的127人。牧业户籍542户，城镇户籍43户。在585份调查问卷中，希望生育第二个子女的347人，最主要的原因是独生子女太孤单，其次是为本民族增添人口；不希望生育第二个子女的有238人，主要原因是经济能力不足、上学难、就业难、成家难等。如果生育第二个子女，希望得到政府补贴的421人；如果政府给予一次性奖励政策，愿意生育第二个子女的340人；如果政府对生育第二个孩子给予18周岁前长期的补贴，愿意生育第二个孩子的有391人；认为有两个孩子最理想的有441人。

调研结果显示，愿意生育第二个子女的占调研总量的59%，另外41%参与者主观上不想放弃生育二孩或三孩的权利，而是基于家庭经济能力不足、孩子入托上学难、将来就业难、成家立业难等社会因素的考虑。如果这些问题逐步得到解决，还能够得到政府的补贴，鄂温克族家庭还是愿意生育二孩或三孩。

据初步统计，截至2011年年末，在鄂温克族自治旗境内，鄂温克族0～14周岁男孩680人，女孩639人；15～19周岁男孩333人，女孩276人；20～49周岁男性3478人，女性3014人。数字比较看，婚育人口的数量超出青少年人口的数量，这说明鄂温克族后续生育人口数量呈现出不足。改革开放以来，随着社会经济的迅速发展，人民生活水平和医疗卫生保健事业得到迅猛发展，人口生育水平有所下降。因此，鄂温克族自治旗人口的年龄结构正由年轻型向成年型迈进。

第三节　鄂温克人才成长记

文化教育事业的发展，极大地促进了鄂温克族整体素质的提高。近些年来，鄂温克族干部、教授、高级工程师、畜牧师、医生、作家、作曲家、表演艺术家、画家等知识分子、文化体育精英、经济建设人才纷纷涌现，已经成为鄂温克族发展的标志和动力。

鄂温克族冬泳选手　（李健摄）

一、民族教育水平的提高

鄂温克族是我国人口较少民族之一，只有自己的语言，没有文字。鄂温克语属阿尔泰语系满—通古斯语族的通古斯语支，分海拉尔、陈巴尔虎、敖鲁古雅三种方言。在日常生活中，有两万人使用本民族语言，牧区通用汉文和蒙文，农区和林区通用汉文。1945 年前，鄂温克人几乎全是文盲，只有少数鄂温克族知识分子能懂满、蒙、汉、俄四种文字。

鄂温克族民族教育事业是从无到有，从小到大发展起来的。鄂温克族有 3 万人，其中鄂温克族自治旗有 0.9 万人（1997）。1962 年，这里受到小学以上教育的人数为每万人中 6865 人，文盲、半文盲人口所占比重为 15.9%，同期全国的这两个指标分别为 6053 人和 31.9%。到 2000 年“五普”时，鄂温克族每万人中拥有小学以上文化的人口数

增长到8715人，文盲、半文盲人口所占比重下降为3.7%，同期全国为8442人和6.7%。这表明，鄂温克族人口的文化素质还是比较高的。为了配合学校抓好儿童教育，各苏木（乡）都设立了家长学校，不定期地向家长们进行培训。同时，苏木和嘎查（村）还设有牧民科技文化夜校，定期举办各种培训班，结合扫盲活动把一些实用科技知识传授给牧民。

辉苏木学校　（包路芳摄）

从20世纪80年代中期开始，为了保证教学质量，建成一个基本配套、比较完整的民族教育网络。鄂温克族自治旗政府根据少数民族地区小聚居、大分散的特点，为居住分散、走读困难的边远地区少数民族学生，建立了以寄宿制和助学金为主的公办民族学校，提倡和坚持“两主一公”的办学形式。使校点设置有利于优化教育资源，方便学校管理。除了提供助学金外，对于特别困难的学生还补助衣物、鞋袜等生活用品，以便稳定在校学生数，普及小学教育，为培养少数民族人才打好基础。

1984年，鄂温克族自治旗政府拨款260万元，建立了鄂温克中学。鄂温克族学生在这里受到完全中学教育，学费和住宿费主要由国家资助。同时，为了扶持鄂温克族的教育发展，内蒙古自治区规定鄂温克族中学生每年每人的助学金增为90元，小学生增为70元。鄂温克中学现有鄂温克、蒙古、达斡尔等少数民族学生874人，其中鄂温克族361人，占全校学生的49.86%，是培养鄂温克族人才的摇篮。20世纪90年代，鄂温克族小学生每人每年的助学金增加到200元，初中生增加到300元，高中生增加到400元。助学金的增长，反映了地方政府对发展鄂温克族教育的重视。

鄂温克族自治旗地方政府政府每年安排鄂温克民族教育专项资金，用于发展鄂温克族教育事业。国家下达的民族机动金，每年都安排一定比例的资金用于扶持民族学校改善办学条件。各苏木、乡、镇、区政府也都设立民族教育专项资金，扶持民族教育。2001年11月8日，自治旗成立了鄂温克民族教育基金会，为鄂温克族贫困家庭学生和大学生提供资助。2003年，地方政府颁布实施了《鄂温克族自治旗民族教育条例》（以下简称《条例》），用法律的形式进一步规定优先发展民族教育事业。《条例》第五十条规定，鄂温克族学生和其他少数民族贫困学生，在义务教育阶段免交杂费。户籍在鄂旗的少数民族贫困学生，在义务教育阶段免交借读费。在寄宿制中小学就读的少数民族贫困生，享受生活费补助。这几项免缴部分的费用将纳入旗财政预算，拨出专款，予以补充，这充分表明了地方政府为推动本民族的教育发展所做出的努力。

与此同时，职业教育也在蓬勃发展。2012年，自治旗职业高中与内蒙古农业大学职业技术学院达成马术专业学生联合培养协议，采取“3+2”模式，学员可在职业中学毕业后升入大学深造。与此同时，鄂

鄂温克族自治旗民族幼儿园　（包路芳摄）

温克旗的竞速赛马也快速发展，仅仅半个赛季，就拿到了多项全国冠军，成为国内赛马场上的一支生力军，促进职业教育吸引力不断增强。如今，旗民族幼儿园、第一实验小学和鄂温克中学，已经成为鄂温克族自治旗民族教育的窗口学校，培育少数民族人才的主要基地。形成了从学前教育到小学、初中、高中、职业技术教育的，既有蒙语授课，又有汉语授课，适合自治旗实际和民族特点的民族教育体系。

自 1965 年以来，国家对鄂温克族子女实行免费进入寄宿制民族小学接受教育后，使鹿鄂温克人子女读中学和中专的人数逐年增多。特别是在 1984 年，根河市地方政府投入 30 万元资金建成 1017 平方米的敖鲁古雅鄂温克民族乡民族中小学校后，使鹿鄂温克人的民族教育事业得到空前发展。1975～1990 年，敖鲁古雅鄂温克民族乡已经为鄂温克猎民培养出了 3 名大学生，7 名中专生，10 多名民族干部和 40 多名各行各业职工。1994 年，敖乡学校被评为呼伦贝尔盟教育示范学校，

1996年和1999年两次通过国家“两基”教育验收。2006年，敖鲁古雅鄂温克民族乡民族小学与根河二小合并办学，师资力量得到优化，达到普及初等义务教育的标准，中学生全部到根河市就读。猎民子女上中学全部享受交通补贴，每人每月62元，考入大中专院校的猎民子女乡政府解决全部学习费用。近年来，敖乡先后有10个鄂温克族学生考上了大学，2006年还有一名鄂温克族学生考取了硕士研究生。

二、草原上盛开的菊花

近些年来，鄂温克族涌现出了一大批在全国范围内具有广泛影响的人物，有鄂温克族文学的基石乌热尔图，有成功攀登珠穆朗玛峰的恩和其其格，我国第一位鄂温克语言学家朝克，著名演员图们，文化名人哈申其其格、何秀芝，女作家杜梅、安娜，鄂温克族人民教师、中共十七大代表正月，国家二级公安英模韩杰，歌唱家“吉祥三宝”之一的乌日娜，舞蹈家赛音斯琴，画家柳芭等，提升了鄂温克族在全国的知名度。同时，党和政府也陆续培养出了一大批优秀的鄂温克族干部，有大兴安岭“活地图”之称的尼格来，猎民的贴心人何林、古新军，好书记呼热巴雅尔等。

在鄂温克草原上，流传着鄂温克族计划生育优秀工作者、“草原女英雄”敖德巴拉的感人故事。她的不平凡经历还要从20世纪60年代说起，1959年，上海、江苏等地几十个育婴院里，好多孤儿因为缺乏食品营养不良，嗷嗷待哺，1959年11月出生的敖德巴拉就是这3000名孤儿中的一员。为了能让这些失去父母的孩子健康成长，在周恩来、康克清和时任内蒙古自治区党委书记乌兰夫的安排下，1960年年初，这3000名孤儿来到了呼伦贝尔草原，负责照顾她的蒙古族阿姨给她取了敖德巴拉这个名字，汉语意思为菊花，是希望她和所有的孩子们，都能像草原上盛开的鲜花一样健康成长。随后敖德巴拉和11个孩子被

送到了鄂温克族自治旗，安排由当地牧民收养。一对刚刚结婚一个月的鄂温克牧民夫妇，用草原般辽阔的胸怀接纳了她，视她如亲生女儿一般爱护。在父母的精心照顾下，敖德巴拉 5 岁时患上的骨结核竟然在 7 年后痊愈。长大后的敖德巴拉当过嘎查小学老师，在苏木政府做过打字员、妇联干事等。由于工作表现突出，1987 年，敖德巴拉成为东苏木政府计划生育助理员。在牧区从事计生工作谈何容易，从此，敖德巴拉兢兢业业地在这个岗位上奉献了十多年，克服了常人难以想象的困难，赢得了牧民的信任。1995 年，她被评为内蒙古自治区劳动模范；1997 年被中华全国总工会授予“五一劳动奖章”；1998 年获得国家计划生育委员会授予的“全国计划生育优秀工作者”称号。敖德巴拉，这朵鄂温克草原上扎根盛开的菊花展露出了最美丽动人的容颜。

除了敖德巴拉，鄂温克族自治旗辉苏木的原苏木达（乡长）吴恩奇，也是当年的上海孤儿之一。在鄂温克牧民的培养下，成长为一名优秀的鄂温克族干部，又谱写出了一曲悠扬的民族团结之歌。

第六章

通往彩虹之路

在茂密的大森林，在无边的大草原，在呼伦贝尔这片绿色净土，伴着绚丽的彩虹，森林之子鄂温克人开拓进取，勇于创新，谱写出了时代赋予的动人新曲。正如鄂温克民歌所唱的那样：

安详的天鹅，
为你飞舞；
吉祥的神鹿，
为你鸣歌；
腾飞吧！鄂温克
展开翅膀飞翔！

第一节　腾飞的鄂温克

民族的兴旺发达，必须以经济的繁荣发展为基础。鄂温克族自治旗早已成为呼伦贝尔草原上的金凤凰。随着鄂温克族传统民族文化的挖掘和传承，浓浓的民族风情把地处“幽静的历史后院”的鄂温克草

原托举到了时代的前沿，而文化建设所带来的收益也令草原上的人们备受鼓舞。

一、草原上的金凤凰

今天的呼伦贝尔草原，已从昔日“幽静的历史后院”，一跃而成为改革开放的前沿。1958年鄂温克族自治旗成立时，畜牧业是旗内唯一的产业，只有大小牲畜14万多头，产值不足330万元。改革开放以来，随着牧区草畜双承包责任制的落实，大大调动了牧民的积极性，推动畜牧业走上了建设养畜、科学养畜，种养加结合，牧科贸、贸工牧一体化的发展道路。20世纪七八十年代，“煤、电、乳、肉”四大产业就被确立为自治旗的主导产业，肉、毛、奶等畜产皮大幅度增长，成为重要的畜产皮基地。1990年时，全旗牲畜已有28万头（只），畜牧业产值2412万元。到2001年牲畜达到51.47万多头（只），其中牛为10.53万头，奶牛业成为自治旗的特色产业，年产牛奶5万吨，居内蒙古自治区各旗县之首，被评为“全国牛奶生产强县”。2001年全旗国内生产总值达到11.78亿元，财政收入达2.9亿元，牧民人均收入3441元。除了畜牧业以外，自治旗的农业、煤炭、电力、森工、建材、粮食和畜产品加工等生产经济，都得到了发展，形成了具有特色的工业体系。

鄂温克族自治旗境内的伊敏华能煤电公司是我国最大的煤电联营试点企业，大雁煤业公司是全国标准化煤矿之一，两大煤矿似两颗明珠相映成辉，为自治旗创造了巨大的经济财富。随着经济的迅速发展，全旗生产总值由2005年的27.4亿元增加到2010年的65.2亿元，财政总收入由2005年的4.8亿元增加到2010年的15.5亿元。到2010年，自治旗县域经济基本竞争力全国排名第402位，西部百强县排名第60位，在全国120个少数民族自治县中排名第二位。用“天苍苍，

悠闲的马群 （包路芳摄）

野茫茫，风吹草低见牛羊”形容今日的鄂温克草原已显得有些单调，蓬勃发展的奶业、工业、生态、旅游、文化“五大工程”，让草原风光无限。

鄂温克族自治旗与呼伦贝尔市海拉尔区毗邻，处于东北亚经济圈，是国家振兴东北老工业基地与实施西部大开发的交汇区域，距满洲里口岸200公里，近邻俄罗斯、蒙古国边境，可以通过这里开展对外贸易及发展东北地区一体化经济。自2008年起呼伦贝尔市委、市政府南迁到自治旗的巴彦托海镇，不仅使这里成为全市政治中心，而且对于发展第三产业等蕴藏着无限商机。同时，鄂温克族自治旗享有西部大开发、振兴东北老工业基地、国家扶持人口较少民族发展、国家重视与俄蒙合作、自治区加快发展东部盟市经济、全区工业经济重点培育发展等一系列优惠政策。

鄂温克族自治旗政府所在地巴彦托海镇距呼伦贝尔市9公里，距机场10公里，交通便捷、通信顺畅。境内有301国道、滨洲铁路、海伊公路、海伊铁路等多条交通干线，四通八达，城镇牧区交通、通信

传统与现代的辉映　（涂宏波摄）

网络已经形成。全旗10个苏木乡镇全部通电，并已开通了程控电话、移动电话。2005年以来，鄂温克族自治旗通过以城镇道路、排水、环卫、旧城改造为重点的市政建设，加快城镇建设步伐，城市功能日趋完善，城市品位不断提高。基础设施的加强，使生产和生活条件、投资环境有了前所未有的改善。

新中国成立六十年来，特别是改革开放以来，在党的民族政策光辉照耀下，自治旗各族人民共同繁荣发展，发扬“团结拼搏、开拓创新、敢于争先、与时俱进”的鄂温克精神，不断深化改革，扩大开放，鄂温克族自治旗呈现出民族团结、社会稳定、人民安居乐业的大好局面，经济社会各项事业取得了长足的发展。正如著名歌唱家郭颂演唱的那样“鄂温克草原，我心中的金凤凰!”

二、传统文化的挖掘与传承

鄂温克族只有语言，没有文字，随着掌握非物质文化遗产和本民族语言的老人日益减少，许多珍贵的民族传统文化也渐渐消逝。1984年，成立了内蒙古鄂温克族研究会，标志着鄂温克族有史以来第一次有了研究本民族历史和文化的群众性学术团体。在“保护第一、抢救为主、合理利用”的共识下，鄂温克草原上掀起了一场全民参与的振兴民族优秀文化的浪潮，民族传统文化的挖掘整理如鱼得水。

为充分挖掘、整理民族优秀文化，鄂温克自治旗投入大量资金用于文化基础设施建设。鄂温克博物馆就是为庆祝自治旗成立40周年而建，展示了鄂温克族的历史、经济、饮食、服饰、民间工艺、民族体育、婚丧嫁娶等内容，收藏了大量的鄂温克族传统文化瑰宝。自治旗10个苏木乡镇中已经有9个建成了250～800平方米的文体站，44个嘎查有40个拥有了100平方米以上的综合活动室。

20世纪90年代以来，鄂温克族自治旗越来越多的民间文化团体，积极开展传统的歌舞、服饰、手工艺、体育游艺、节日、摄影等民族文化活动，在活跃、弘扬和传承民族文化中起到了重要作用。通过积极打造品牌效应，扩大了地方影响，并在一定程度上创新了传统民族文化。“抢枢”等民族体育项目，歌舞、服饰、婚俗等民族传统风情，在鄂温克草原上被发扬光大。全部由牧民组成的鄂温克族服饰队、布里亚特蒙古族服装表演队和牧民合唱团向外界展示了一个绚丽多彩的服饰世界，先后多次赴国内外演出，作为鄂温克草原的“文化形象大使”，已经成为推动当地民族文化发展的重要力量。年度性的“伊敏河之夏”大型广场文艺演出、“敖包相会民歌节”系列活动，已经成为全旗各族群众文化活动的盛事。自治旗马业协会是协助地方政府发展当地马产业的民间文化团体，协会的活动内容包括提高牧民养马技能、改善马群品种质量、宣传马文化等，活跃和推动了马文化的发展。鄂温克族的传统节日瑟宾节及近年来蜚声中外的冬季那达慕等节庆活动，则成为这些传统文化尽展风姿的最佳场所。

2005～2011年，鄂温克族自治旗音乐文化研究会与中国音乐学院中华传统音乐资源库项目组合作，在鄂温克族自治旗、阿荣旗、莫力达瓦达斡尔族自治旗、根河市、扎兰屯市、大兴安岭地区和黑龙江省塔河县、梅里斯达斡尔族区等地，访问了许多年迈的民间艺人，搜集传统民族音乐文化资料，整理、保存了大量的音像资料和文本资料。

鄂温克族民族文化研究队伍正在日益扩大，这其中包括很多鄂温克族的民族文化精英，他们对民族文化的宣传推广功不可没。鄂温克自治旗的民族文化建设得到了国家和内蒙古自治区的充分认可，自治旗先后被评为“全国文化先进县”、“全国体育先进县”、“自治区民间歌舞艺术之乡”、“全国文物工作先进县”。

三、方兴未艾的旅游业

鄂温克族自治旗地域辽阔，风光旖旎，不仅有辽阔的草原，浩瀚的森林，蜿蜒的河流，星罗棋布的湖泊，更是野生动植物的天然宝库，是北方生态环境保护完好、未受污染的绿色净土。这里是花的海洋，白云的故乡，微风轻拂，绿浪滚滚，百灵鸟嘹亮的歌声在纯净的蓝天白云中回荡……草原上游动的牛群、羊群在明媚的阳光下更显出草原的富饶，奔腾的马群从你眼前如乌云袭卷人地一般掠过时，心中留下的或许只有对雄壮和剽悍的诠释。自治旗旅游资源类型丰富，功能多样，有天然森林生态系统、草原生态系统、辉河沿岸湿地生态系统等多种生态系统，有维纳河矿泉疗养胜地、巴彦呼硕敖包祭祀民俗活动、鄂温克族传统节日瑟宾节、神秘的西博山等旅游名胜，构成了鄂温克族自治旗天然的旅游资源。得天独厚的先天资源和便利的交通条件，使得自治旗的旅游产业蓬勃发展起来。

近几年来，鄂温克族自治旗全力打造“敖包相会的地方”、“吉祥三宝的故乡”、“中国·鄂温克——原生态呼伦贝尔”等旅游名片，为

鲜花盛开的草原 （索龙格摄）

配合建设具有民族特色的旅游文化品牌，民族文化与旅游产业得到深度融合。鄂温克族自治旗已连续三年举办“全国露营大会暨呼伦贝尔户外运动那达慕”、“欢乐草原——内蒙古自治区健身大会暨鄂温克瑟宾节”、“内蒙古呼伦贝尔冰雪旅游节暨鄂温克冬季那达慕”等系列活动，并成功举办了“2012 鄂温克冬季冰雪摄影展暨现代行为艺术家作品展”，民族文化得到有效推介。除了闻名遐迩的瑟宾节夏季那达慕外，在白雪皑皑的冬季，在这里可以尽情领略冬季那达慕暨冰雪旅游节的风采，雪地赛马、赛骆驼、马拉雪橇、雪地博克尽显北方少数民族的豪气和强悍。冬季那达慕不仅成为冬季风情和民族服饰的大展台，也是草原上的人们挑战寒冷、超越自我的一次盛会。

随着知名度的提高，鄂温克族自治旗旅游接待人数迅猛攀升，旅游收入一直雄居呼伦贝尔市 13 个旗市之首。到目前为止，自治旗每年接待游客超过 25 万人次，实现旅游业收入 2.7 亿元。旅游产业的相关

配套设施也有了一定发展，如组织民族服饰表演团体参加各种表演活动、推进马产业化发展等。巴彦胡硕旅游区和红花尔基森林公园已被国家旅游景区质量等级评审部门初审评定为 2A 级和 A 级。2010 年，因其旅游产业所取得的成绩，鄂温克族自治旗被国家旅游局授予“中国旅游强县”荣誉称号。

第二节　猎乡新传奇

使鹿鄂温克人世代追随驯鹿生活在茂密的森林，直到新中国成立后才陆续走出森林，开始了与外界渐进式的接触。大兴安岭的美丽传说，给生活在原始森林中的鄂温克猎民部落增添了几分神秘。在漫长的历史进程中，由于独有的语言和风俗习惯等方面的特征，他们受外来文化的影响相对较少，创造并发展了适应生存环境、具有浓郁民族特色的文化。如今，走出深山密林的昔日猎民们正在演绎着新时代的猎乡传奇。

一、走出山林

新中国成立前，使鹿鄂温克人基本上处于原始公社末期的氏族公社阶段，新中国成立后受到了党和政府的特殊关怀和帮助。60 年来，党和政府为解决猎民的生产生活困难，为他们的发展与繁荣，从政策上、资金上给予的照顾是罕见的。从 1952 年开始，政府为全体猎民更换了枪支，开辟了新的猎场，同时发放护林费补贴，实行全民族免费医疗，并建立了养鹿场，为猎民创造良好宽松的生活环境。从 20 世纪 50 年代中期，在政府的引导下，森林里的鄂温克人逐渐走出山林，1957 年在中俄边境额尔古纳河畔的奇乾成立了鄂温克民族乡，猎民开始行使当家做主的权力，但是当时仅有几户猎民下山，大部分鄂温克人没有实现定居。

1965年，在党和政府的帮助下，35户猎民从中俄边境额尔古纳河畔奇乾乡搬迁到敖鲁古雅河畔，成立了敖鲁古雅鄂温克民族乡，过上了新的定居生活。至此，猎民基本结束了千百年来漂泊游离、居无定所的生活，但仍有部分使鹿鄂温克人延续着传统的生活方式，穿梭在山林和定居村落，形成了山上山下的二元生活格局。政府尊重猎民的风俗习惯和民族意愿，特许他们继续用枪狩猎。到了20世纪80年代，部分猎民逐渐放下手中的猎枪，开始走上“以饲养驯鹿为主，多种经营，综合发展”的路子，敖鲁古雅鄂温克民族乡获得了历史性的跨越发展。

在长期的森林生活中，使鹿鄂温克人的一切都来自于森林的恩赐，所以他们非常明白不可“竭泽而渔”的道理，对自然保持着感恩和敬畏的态度。而事实上他们的需求也并不多，猎民一年中捕猎季节的划分是有规律的，这是按照各种动物的生长习性、生活特点形成的习俗。鄂温克猎民创造、积累并延续着信仰生活等方面的惯习，保持着人与自然的和谐，堪称“森林的清洁工与护林员”。

而如今，随着生态环境日益恶化和国家保护天然林工程的实施，驯鹿的放养范围受到限制，加上猎民身居深山老林，交通闭塞，就医困难，生活条件艰苦等状况，严重制约了使鹿鄂温克人的生存发展。根河市委、市政府决定，对鄂温克猎民实施生态移民。2003年8月，使鹿鄂温克人开始了历史上的第三次集体搬迁，猎民牵着驯鹿走出了大山，走出了森林，62户猎民搬入了紧邻根河市区5公里的新敖鲁古雅鄂温克民族乡，无偿地住进了政府提供的免费居所。地方政府为他们在附近开辟了数个驯鹿养殖场，仍旧可以继续驯鹿的放养。这次生态移民标志着我国最后一个狩猎部落走出了原始森林，开始了现代文明的新生活。

新敖鲁古雅鄂温克民族乡　（王卫平摄）

十年中，使鹿鄂温克人渐渐适应了现代化的生活设施，教育、医疗、生活水平都得到了提高。生态移民后，乡政府一直致力于挖掘新的经济增长点，拓宽经济来源。借助新址优越的地理位置，四通八达的交通条件，敖乡的民族经济获得了较快发展，民族工业如雨后春笋般快速成长起来，为敖乡的民族经济注入了新的活力。何氏鹿肉干厂就是敖乡第一家由鄂温克猎民担任法人的私营独资企业。2005 年，全乡驯鹿头数突破了 1000 头，创历史最高水平。工业也初具规模，工业销售收入超百万元，企业从无到有，从小到大，彻底改变了猎民不经营工业的历史。从 1965 年开始定居以来，敖鲁古雅鄂温克民族乡的工业、农业、畜牧业总产值由初期的几万元，增加到 2007 年的 898 万元。改革开放以来，民族经济由过去的单一放牧狩猎向多种经营转化，猎民的人均收入由 1950 年的 79.7 元，增加到 2008 年的 2956 元。使鹿鄂温克人生产、生活设施不断完善，走上了工业、农业、畜牧业、商贸业、旅游业等现代产业的发展道路。

二、永远的敖鲁古雅

随着经济建设的快速发展，敖鲁古雅鄂温克民族乡的文化建设和旅游业也日益发展起来。1965年定居敖鲁古雅后的最初十年里，敖乡仅有一所俱乐部、一支电影放映队和广播站，猎民的文化生活十分单一。1985年政府投资15万元的470平方米的敖乡文化中心楼落成，并首次开设了鄂温克猎民狩猎文化陈列室，还安装了卫星电视插转台接收设备。1995年敖乡改设了有线电视网，覆盖率达到98.6%，同年又扩建了200平方米的狩猎文化博物馆。现代化已经走进了使鹿鄂温克族人的生活，即使在山上的猎民点也可以看到电视、收听到广播，世世代代追随驯鹿的猎民生活发生了翻天覆地的变化。

使鹿鄂温克人的传统民族文化也正日益为外界所知，不足200人的使鹿鄂温克人担负着传承驯鹿文化的重任。2003年后，在新定居地，敖鲁古雅鄂温克民族乡文化中心和敖鲁古雅驯鹿文化博物馆建成。借助优越的地理位势和便捷的交通条件，敖鲁古雅鄂温克民族乡先后举办了三届“使鹿部文化节”系列活动，有力推动了敖鲁古雅鄂温克猎民文化的传承和发展。文化节主要内容有驯鹿王评比、民族服饰表演、搭建“撮罗子”比赛和锯木头比赛。通过接待大型旅游团，极大地提高了敖鲁古雅鄂温克民族乡的知名度。乡里还先后开发了猎民家庭游等项目，在乡址南侧建立了“敖鲁古雅使鹿部落”旅游点，复制了“撮罗子”等传统的狩猎文化设施。在这里可以品尝鄂温克美食，欣赏鄂温克歌舞，近距离接触驯鹿，与猎民共同烹制民族风味食品，同跳篝火舞等。敖鲁古雅鄂温克民族乡生态和民俗旅游业发展潜力巨大，根河市政府于2006年精心打造的“敖鲁古雅”和“中国最后一个狩猎部落”的旅游黄金品牌，吸引了上万名游客前来观光，仅一个夏季旅游收入近千万元。

使鹿鄂温克人的文化，是我国独一无二的“在森林地带自然牧养驯鹿产业的文化”。使鹿鄂温克人以顽强的生命力，在远离北极驯鹿生物圈的大兴安岭放养驯鹿，用本民族的生态智慧实现着人与自然的和谐共生，这是历史的骄傲，也是大自然的骄傲。探访使鹿鄂温克部落的感受是非常矛盾的，一方面看到他们对山林的眷恋，另一方面也感受到现代化对他们的冲击和他们对现代化的向往。新敖鲁古雅鄂温克民族乡不到200人的鄂温克人中，懂得民族语言的人不到1/3，年轻人已不大能讲鄂温克语，而儿童所讲更是清一色的汉语。由于自然条件、生态环境的变化，鄂温克人的社会结构、经济文化等在发生明显变化，特别是随着现代化、城镇化的加速发展，使鹿鄂温克人特有的驯鹿文化也在承受着考验和转型。传统的在深山密林中生产和生活的技能正在迅速消失，直接影响着民族文化的保留与传承。

驯鹿业是我国尚未开发的野生动物传统养殖业，其特色和文化品牌具有国际价值，而“天然林保护工程”和已近尾声的大兴安岭林区的采伐，使兴安岭的生态得以休养，苔藓类地衣植被的生成条件也趋向良性循环。学者白兰呼吁，尽快建立“驯鹿与兴安岭苔原森林保护区”，以保存原生态的驯鹿文化。驯鹿文化和狩猎文化的结合，是使鹿鄂温克人创造的奇迹，他们需要的不仅仅是物质上的关注，也是优秀传统文化的传承和发展。令人欣慰的是，使鹿鄂温克人越来越注重本民族传统文化的保护与发展，桦树皮等传统民族手工艺制品的制作技艺、敖鲁古雅鄂温克婚礼、驯鹿文化已被列入内蒙古第一批非物质文化遗产名录。敖鲁古雅鄂温克民族乡也已经成为我国鄂温克族的重要品牌，“中国最后的狩猎部落”正日益揭开其神秘的面纱。

参考文献

1. 秋浦．鄂温克人的原始社会形态．中华书局，1962

2.《鄂温克族简史》编写组．鄂温克族简史．内蒙古人民出版社，1983

3. 内蒙古自治区编辑组．鄂温克族社会历史调查．内蒙古人民出版社，1986

4. 沈斌华，高建纲．鄂温克族人口概况．内蒙古大学出版社，1991

5. 乌热尔图主编．鄂温克风情．内蒙古文化出版社，1993

6. 孔繁志．敖鲁古雅鄂温克人的文化变迁. 天津古籍出版社，2002

7. 汪丽珍．鄂温克族宗教信仰与文化．中央民族大学出版社，2002

8. 毅松，白梅，涂建军．来自森林草原的人们．内蒙古人民出版社，2003

9. 董联声．中国最后的狩猎部落．内蒙古人民出版社，2007：161～162

10. 内蒙古自治区、黑龙江省政协文史资料委员会．鄂温克族百年实录（上、下册）．中国文史出版社，2008

后记

2013年6月17日，当我们乘飞机降落到海拉尔机场，再驱车9公里来到鄂温克草原的时候，熟悉的气息再次扑面而来。6月中旬的北京已经开始炎热，而这里却凉爽宜人，当我们融入那一望无际的呼伦贝尔大草原时，唯一想做的就是尽情地呼吸，舒展双臂任清风洗拂。“如何造物开天地，到此令人牧马牛”，草原的开阔和坦荡松弛了我们的襟怀，散落在草原深处那洁白的羊群又让我们感到生活的宁静与祥和。望着蓝天、白云和缓缓起伏的绿草，我们在冥冥中感受着空灵，一任心绪在辽阔的草原上飘荡。敖鲁古雅鄂温克民族乡的夜晚依旧还是那么静谧，遥望星空，真有种天人合一的空灵感觉，似乎依稀间还能听到鹿铃叮当。

我对鄂温克族的研究起始于2000年那冰天雪地的冬日，当时我和祁惠君教授参加了国家民委的“人口十万以下较少民族经济社会发展现状调查”课题，从此开始了我与鄂温克族的不解之缘。在接下来的几年里我又陆续开展了几次关于鄂温克族的调查，并完成了我的博士毕业论文。最近一次探访鄂温克族是在2013年的夏天，我参加了中国社会科学院民族学与人类学研究所的国家社科基金特别委托项目“21世纪初中国少数民族地区经济社会发展综合调查”，与世界民族研究室的包胜利、吴家多、余红、陈玉瑶、张育暄等人到呼伦贝尔鄂温克族自治旗和敖鲁古雅鄂温克民族乡调研。这次调研既加深了和各位同仁的友谊，也进一步了解了鄂温克族最新的发展状况。在此向我的这些朋友们表示衷心的感谢！非常怀念那段我们在一起调研的日子。

我还要感谢呼伦贝尔学院的鄂温克族教授斯仁巴图先生和杨光女士，很高兴认识你们！感谢鄂温克族自治旗旗委旗政府的相关工作人员，特别感谢敏杰副旗长、吉木斯、杜玉红、毕力格、红霞、敖能、包玉祥、布日古德、索龙格、杜和平、涂宏波、白文俊、李健，还有呼伦贝尔市人大的张忠泽先生，他们或是给我提供了很多调研上的便利，或是提供了珍藏的照片。尤其是那些给予我诸多帮助的鄂温克族朋友们，谢谢你们！

感谢中国人口出版社的信任，再次给我提供了这个机会。我要特别感谢邱立女士和责任编辑以及美编等工作人员，这是一个勤奋敬业的团队，他们为本书的出版做了大量的工作。因作者水平有限，加之时间仓促，书稿也留下了一些遗憾和不足，不当之处恳请读者批评指正。

愿鄂温克族吉祥的彩虹保佑我们每个人都幸福平安！

作　者

2014 年 7 月